VORWORT

Bevor Sie losstarten, einige wichtige Hinweise:

Die Entscheidung, dieses Buch in Ihren Händen zu halten, wird Ihre Sichtweise über einen der schönsten Landschaftsparks Niederösterreichs völlig verändern.
Sie haben mit diesem Buch die Möglichkeit, sich Stück für Stück den vielen Highlights des Parks zu nähern. Sie entscheiden, wie viel Zeit Sie aufbringen möchten, und wählen die persönlichen Orte Ihrer Begegnung selbst aus. Der Schlosspark ist, und das sollten Sie ganz bewusst beachten, zu jeder Jahreszeit mit einem anderen Erscheinungsbild ausgestattet. Saisonabhängig entdecken Sie die Orte in völlig anderen Stimmungsbildern. Nehmen Sie Platz auf einer der zahllosen Sitzgelegenheiten und lassen Sie Natur und Gartenkultur auf sich wirken.
Wenn die Sehnsucht nach Rückzug und stiller Geborgenheit in Ihnen vermehrt zu verspüren ist, wählen Sie einen Besuchstag zwischen Montag und Donnerstag! An diesen Tagen steht die Ruhe im Vordergrund. Nehmen Sie einen kleinen Teil Ihrer wertvollen Lebenszeit und durchwandern Sie diesen magischen Ort! Tauchen Sie ein in eine Welt voller romantischer Entdeckungen. Treten Sie ein in die sichtbare Harmonielandschaft einer österreichischen Grünoase!

Viel Vergnügen wünschen Ihnen *Robert Bouchal* und *Wolfgang Mastny*

Der Laxenburger Schlosspark aus der Vogelperspektive

EINLEITUNG

Im Reiherstand Richtung Schlossteich

Die Schlossanlage Laxenburg stellt ein ganz besonderes kulturhistorisches Kleinod in Österreich dar. Zwei Schlösser, eine märchenhafte Ritterburg und zahlreiche weitere Gebäude haben sich zu einem einzigartigen Ensemble zusammengefunden. Generationen an Menschen sind nach Laxenburg gekommen, um den Zauber dieser Örtlichkeit zu spüren. Die Magie einer Anlage, die über Jahrhunderte zu einem unverwechselbaren Ort heranwachsen durfte. Rund ein Viertel des Laxenburger Gemeindegebietes hat sich die ehemalige kaiserliche Pracht angeeignet, mit etwa 280 Hektar (genau 2.830.705 m^2) Gesamtfläche hat sich Laxenburg auch zur flächenmäßig größten Schlossanlage Österreichs entwickelt. Neben den schon erwähnten Gebäuden hat sich vor allem der Schlosspark in den Herzen der Menschen verankert.

Der Schlosspark Laxenburg ist heute einer der bedeutendsten historischen Landschaftsgärten Österreichs. Ein verspieltes Wegesystem erschließt weite Wiesenräume sowie mächtige Baumgruppen und man gelangt an riesige Wasserflächen. Die Besucher*innen tauchen beim Erkunden des Schlossparks in das Ideal der Entstehungszeit dieser Parkanlage ein. Der romantische Gedanke steht immer im Vordergrund, die Landschaft des Parks soll begeistern und keine Langeweile aufkommen lassen. Verschlungene Wege und malerisch inszenierte Landschaftsteile ziehen den*die Betrachter*in in ihren Bann. Auch wenn es manchmal den Anschein hat, ist hier nichts dem Zufall überlassen. Jeder Baum, jedes Element und jeder Teilbereich des Schlossparks haben ihre Aufgaben bekommen, damit alle zusammen ein perfektes harmonisches Bild einer landschaftlichen Komposition erzeugen.

Für die Besucher*innen ist es ganz wesentlich, sich auf diese Ideen der Gartenkünstler einzulassen. Beim Besuch sollte man nicht auf die obligaten Wegweiser achten, der Schlosspark selbst sollte beim Aufenthalt Regie führen. Bei einem Spaziergang – einfach der Nase nach – wird man wie von Geisterhand durch den Schlosspark gezogen und man lernt das Wesen des Landschaftsgartens richtig und intensiv kennen. Der Schlosspark selbst soll seine Geschichte erzählen, die Geschichte eines romantischen Gartenparadieses für einst gekrönte Häupter.

Die zahlreichen Gebäude treten angesichts der üppigen Gartenpracht fast ein bisschen in den Hintergrund, sind aber nicht minder einzigartig. Das Alte Schloss als Ursprung der Schlossanlage versprüht mystisch den Atem der Jahrhunderte, das Neue Schloss, der sogenannte „Blaue Hof", repräsentiert die Vorstellungen des Barocks. Die Franzensburg als Gartenhaus, inmitten des Schlossteichs gelegen, hat die Gedankenwelt eines Kaisers in unsere Tage konserviert und erzeugt heute noch die Lust auf das Entdecken der Geschichte. Die zahlreichen Parkstaffagegebäude zeugen vom Ideenreichtum der habsburgischen Fantasiewelt und ergeben mit den einzelnen Bereichen des Schlossparks ein großes Ganzes.

Der eigentliche Star in Laxenburg ist und bleibt aber der riesige Landschaftspark, der sich nahtlos in die Reihen der großen Gartenanlagen Europas einordnen lässt. Er hat die Jahrzehnte und Jahrhunderte überdauert und begeistert auch heute noch, genauso wie vor 200 Jahren. In einer sich stark wandelnden Welt stellt er eine beständige Landmarke dar, in der man sich gerne eine Auszeit nimmt, um vom Alltag Abstand zu bekommen. So begleitet einen der Park durch das ganze Leben. Als Kind kommt man hier das erste Mal mit der Natur in Berührung, Spaziergänge oder sportliche Aktivitäten versüßen die Jugend und das Erwachsenwerden. In den endlos wirkenden Landschaftsräumen finden junge Menschen zueinander, um dann später mit den eigenen Kindern den Park zu besuchen. Zahlreiche Veranstaltungen oder einfach die Auszeiten vom Alltag begleiten einen durch die weiteren Jahre, bis man mit seinen Enkelkindern das Spiel vom Entdecken der Natur des Schlossparks zum dritten Male beginnt. Das ebene Wegenetz ermöglicht bis ins hohe Alter unbeschwerte Stunden in der kaiserlichen Gartenpracht. Natürlich lässt sich die Zusammensetzung der Besucher*innen des Schlossparks noch unendlich erweitern, die Motive für einen Aufenthalt sind so vielfältig wie wir Menschen selbst. Egal aus welchem Anlass und egal aus welcher Motivation man den Schlosspark betritt, er heißt alle seine Besucher*innen willkommen.

DIE SCHLÖSSER VON LAXENBURG

Blick zum Hohen Turm der Franzensburg.
Ausschnitt eines Ölgemäldes auf Kupfer: „Laxenburg, Parklandschaft in Mondscheinstimmung“, um 1840, KünstlerIn unbekannt. Foto: Birgit und Peter Kainz, WIEN MUSEUM.

DAS ALTE SCHLOSS
ALS KEIMZELLE AUS DEM MITTELALTER

Das Alte Schloss stellt die Keimzelle der Schlossanlage Laxenburg dar. Im Kern geht dieses Bauwerk auf das zwölfte Jahrhundert zurück und wurde mit zugehörigen Ländereien im Jahre 1306 durch die kaiserliche Familie Habsburg angekauft. Herzog Albrecht II. machte 1338 eine Stiftung zugunsten der Kapelle. Herzog Albrecht III. ließ durch Meister Michael Knab ab 1386 das Gebäude großzügig ausbauen und erweitern. Zu diesem Zeitpunkt wurden auch Statuen von der Burg am Wiener Leopoldsberg zur Ausschmückung des Schlosses nach Laxenburg gebracht, diese verschwanden aber wieder im Laufe der Geschichte.

Der Parkhaupteingang Richtung Altes Schloss

Zur damaligen Zeit präsentierte sich das Gebäude als wehrhafte Wasserburg, umgeben von einem mit Wasser gefüllten Burggraben. Über der Schlosskapelle thronte ein Glockenturm. Wie alle Burgen hatte auch das Alte Schloss einen Bergfried, der sich gegenüber der Kapelle an der Nordwestseite befand. Außerhalb des eigentlichen Baukörpers, ebenso im Nordwesten mitten im Burggraben gelegen, erhob sich der wohl mysteriöseste Anbau des Alten Schlosses, der sogenannte „Badeturm". Er war lediglich mit einer Brücke, die im zweiten Stock ihren Ursprung nahm, mit dem restlichen Schlossgebäude verbunden, an der Turmspitze befand sich eine Art Plattform. Die exakte

Nutzung dieses längst verschwundenen Bauwerks konnte bis heute nie geklärt werden. Wie im Namen enthalten, dürfte er wohl unter anderem zur körperlichen Pflege genutzt worden sein.

Jeder Kaiser hat von Beginn an der Schlossanlage und damit natürlich auch den Gebäuden seine persönliche Note gegeben. Aus der Zeit von Kaiser Friedrich III. (1415–1493) blieb etwa ein bemerkenswertes Detail erhalten, das leicht übersehen werden kann. Es handelt sich um drei einzelne Steine in einem der Innenhöfe des Alten Schlosses, die wohl das Monogramm als auch eine leider nicht mehr lesbare Jahreszahl enthalten. Im größten der drei Steine ließ der Monarch seinen Kaisertitel und einen Sinnspruch verewigen:

FRIDERICUS TERCIUS ROMANORU(M) IMPERATOR SEMPER AUGUSTUS ETC A(RCHI) D(UX) AUSTRIE STIRIE KARINTHIE ET CARNIOLE DUX COMESQ(E) Z(E) TIROLIS ETC RERUM IRRECUPERABILIUM SUMA FELICITAS EST OBLIVO (Friedrich III., Kaiser der Römer, allzeit Mehrer usw., Erzherzog von Österreich, Steiermark, Herzog von Kärnten und Krain sowie Graf zu Tirol usw., das Vergessen der nicht wieder zu wünschenden Dinge ist höchstes Glück.)

Dieses Arrangement kann bis heute in der Fassade des Innenhofs besichtigt werden, ansonsten wirken die Fassadenflächen heutzutage fast ein bisschen unspektakulär. Dem war nicht immer so. Über dem Eingang ins Filmarchiv Austria, im großen Innenhof, sind noch die Reste der Darstellung eines Hirsches erkennbar. Im Ursprung war die gesamte Fläche mit unterschiedlichsten Tierdarstellungen dekoriert, wie so vieles ist auch diese Pracht schon lange zur Geschichte geworden. Doch auch diese Gestaltung ist einst nicht zufällig entstanden, war doch Laxenburg eigentlich ein bevorzugtes Jagdgebiet.

Das Areal in Laxenburg wurde von Beginn an für die ausgiebige jagdliche Tätigkeit des Hauses Habsburg herangezogen. Zahlreiche alte Flurnamen erinnern heute noch an eine der wohl größten Leidenschaften der kaiserlichen Familie. Rund um das Alte Schloss entstanden Jagdgärten für die unterschiedlichsten Jagdarten, die hohe Gartenkunst in Form des Landschaftsgartens sollte noch etwas länger auf sich warten lassen. Der erste architektonisch gestaltete Garten geht auf Kaiser Maximilian I. zurück, er ließ im 16. Jahrhundert im Bereich des heutigen Schlosstheaters einen kleineren Garten in „niederländischer Manier“ anlegen. Großflächig gestaltete Gartenanlagen sind in dieser Zeit jedoch keine entstanden, Laxenburg blieb weiterhin in erster Linie ein bevorzugtes Jagdgebiet. Während an anderer Stelle großzügige Anlagen entstanden, blieb man in Laxenburg bescheiden

Oben: Altes Schloss aus nordöstlicher Richtung mit dem historischen Torhaus
Unten: Altes Schloss, Südwestfassade, Torhaus aus dem 19. Jahrhundert

und erfreute sich auch am Beginn des 18. Jahrhunderts an den gewachsenen kleineren Strukturen.

Im Jahre 1716 beauftragte man den Geometer und Mathematiker Jakob Marinoni mit der heute ältesten bekannten Plandarstellung des gesamten Geländes. Dieses Dokument zeigt sehr schön den historischen Ortskern von

Altes Schloss, Innenhof mit dem alten Ziehbrunnen

Laxenburg mit dem Alten Schloss und den weiteren Gebäuden. Ebenso erkennbar sind die Jagdgärten, die in der damaligen Zeit intensiv genutzt wurden. Überliefert wurde uns etwa der „Dendel-Garten" für Dammhirsche oder etwa der „Rager-Stand" für die Reiherjagd. Ein weiteres Detail in diesem Plan überdauerte ebenso bis in unsere heutige Zeit, der sogenannte „Palamaygang". Diese lange Gerade zwischen dem heutigen Reitstall und dem Forstmeisterkanal wurde vermutlich ab dem frühen 18. Jahrhundert für das Ausüben von Ballspielen angelegt.

Rund um das Alte Schloss hatten sich auch zahlreiche Adelshäuser des habsburgischen Reiches angesiedelt. Einerseits wollte man dem Kaiser nahe sein, andererseits scharte der Kaiser natürlich gerne seine adeligen Untertan*innen um seine Residenz. Die Karte von Marinoni enthält daher auch die Ansitze der Grafen Kaunitz, der Fürsten Schwarzenberg, der Fürsten Dietrichstein, der Grafen Sinzendorf, der Grafen Schlick und der Grafen Schönborn. Bereits in diesem Plan ist es sehr auffällig, dass es in Laxenburg eigentlich keine durchgeplante Ordnung bei den einzelnen Baukörpern gegeben hat. Als nun die Zeit des Barocks gekommen war, hatte man seine liebe Not mit den verwinkelten mittelalterlichen Strukturen, Kaiserin Maria Theresia konnte aus diesen Gründen beim Alten Schloss nicht standesgemäß vorfahren. Vor dem Haupteingang des Gebäudes bildeten die Schloss-

Altes Schloss, Blick vom historischen Torhaus durch die beiden Innenhöfe

mühle sowie die Schlossrestauration eine relativ enge Hofsituation, die das Rangieren mit mehrspännigen Wägen unmöglich machte. Man behalf sich mit dem sogenannten „roten Brückl“, einem eher unscheinbar wirkenden Nebeneingang des Alten Schlosses. Diese kleine Brücke überspannte ebenso den Burggraben und Maria Theresia hatte mit ihrem Wagen ausreichend Platz, um vorzufahren. Trotzdem blieb die Vorfahrt beim Haupteingang des Alten Schlosses immer noch unmöglich.

Die Kapelle im Alten Schloss

Somit kam es zu einer der größten Bauphasen in Laxenburg, die nun in den Regierungsjahren von Kaiserin Maria Theresia (1740–1780) stattfinden sollte. Die Monarchin setzte auch in den großzügigen Ausbau der Schlossanlage in Laxenburg. In diesen Jahren wurden beim Alten Schloss die Wassergräben zugeschüttet und als Rasenparterres neu hergestellt. Die bereits erwähnten Türme wurden abgetragen, eine weitreichende Barockisierung des Gebäudes aber nicht durchgeführt. Maria Theresia erfreute sich einer großen Kinderschar, die wiederum zu einem Mangel an Wohnraum in Laxenburg führte. Gleichzeitig fassten Maria Theresia und ihr Gemahl, Franz Stephan von Lothringen, ab den 1750er-Jahren den Entschluss, landschaftsgestalterisch in neuen Dimensionen zu denken. Laxenburg galt damals als besonders veraltet, wie man sich aus den vorangegangenen Beschreibungen durchaus vorstellen kann. Während in anderen habsburgischen Anlagen die Gartenkunst erblühte, war man hierorts immer noch in den alten Mustern gefangen.

Durch diese neuen Begehrlichkeiten war der Weg für die Errichtung eines Neuen Schlosses frei, das Alte Schloss war von dieser Zeit an trotzdem weiterhin als Wohngebäude in Verwendung. Kaiser Franz, dessen Liebe zum Mittelalter in diesem Buch noch behandelt wird, schätzte das Gebäude sogar mehr als das barocke Gebäude. Von 1925 bis 1938 beheimatete das Alte Schloss die berühmte „Musikschule Hellerau für Rhythmus und Gymnastik" unter Rosalia Chladek (1905–1995). Seit 1945 wird das Gebäude vorwiegend für private Wohnzwecke verwendet, ein größerer Teil seit 1969 durch das Filmarchiv Austria angemietet.

DAS NEUE SCHLOSS – DER BLAUE HOF

Ab dem Jahre 1753 begannen die ersten größeren Baumaßnahmen an der bestehenden Schlossanlage. Kaiserin Maria Theresia erwarb den sogenannten „Blauen Hof", der sich zur damaligen Zeit im Besitz der Grafen Daun befunden hatte und in nordöstlicher Richtung vom Alten Schloss am Schlossplatz lag. Dieses Gebäude ist im Kern ebenso seit dem Mittelalter nachweisbar und wurde 1544 erstmals als Freihof unter Melchior Arguello erwähnt. Der Name des Gebäudes entstand durch die späteren Besitzer, die Brüder Blauensteiner. Bis zu Maria Theresia konnten zahlreiche Wechsel der Besitzverhältnisse nachgewiesen werden, der Name der Gebrüder blieb bis heute an dem Gebäude haften.

Doch nicht nur dieses damals bereits historische Gebäude wurde von der Kaiserin erworben, ebenso wechselten die am Schlossplatz angrenzenden Objekte eines Gasthauses sowie das Pruckner'sche Haus in den kaiserlichen Besitz. In Richtung des heutigen Parkhaupteingangs erwarb Maria Theresia zudem noch 1756 das Palais Sinzendorf.

Der Blaue Hof auf der Gartenseite

Oben: Blauer Hof, Mittelrisalit zum Schlossplatz
Unten: Portal mit Eingang in die Speisesäle, heute Conference Center Laxenburg

Ihr bevorzugter Architekt Nicolò Pacassi bekam nun ab 1753 den Auftrag, aus diesen Strukturen ein neues Wohnschloss zu schaffen. Auch Laxenburg sollte seine barocke Ordnung bekommen, um den Zeitgeist entsprechend repräsentieren zu können. Trotz aller Initiative blieb man in Laxenburg aber bei vielen Sonderwegen, gänzlich neu geschaffene Gebäude etwa waren in dieser Phase mehrheitlich die Ausnahme.

Der Paradiesgarten im Blauen Hof wird durch den Kaisergang vom Schlosspark abgetrennt

Nicolò Pacassi nutzte die bestehenden Strukturen und formte aus insgesamt vier Gebäuden ein Neues Schloss für Kaisern Maria Theresia. So wurden der Blaue Hof mit den daran angrenzenden Gebäuden (Gasthaus, Pruckner'sches Haus und Palais Sinzendorf) miteinander zu einem Gesamtkomplex verbunden. Dabei änderte Pacassi die Orientierung des Blauen Hofes zum Schlossplatz hin, der Haupteingang des Gebäudes wanderte somit von der Gartenseite hin zum Ortszentrum. Die Hauptfront zum Schlossplatz wird nunmehr von zwei sehr mächtigen Eckrisaliten dominiert, der Mittelrisalit mit Balkon, Attika und Portikus tritt spürbar in den Hintergrund. Die als Haupteingang nun abgelöste Gartenfassade wurde aber ähnlich ansprechend gestaltet. 1770 bekam das Neue Schloss an dieser Stelle das Belvedere aufgesetzt, eine hölzerne Fachwerkkonstruktion, die in Form eines Türmchens aus dem Dach herausragt. Im Inneren dieses Türmchens wurden einige Räume mit illusionistischer Malerei geschaffen, die gärtnerisch gestaltete Landschaftspartien zeigen. Der Künstler war vermutlich Joseph Pichler.

Die bereits erwähnten angrenzende Gebäude des Pruckner'schen Hauses und Gasthauses erhielten ebenso eine starke Überarbeitung im Sinne der barocken Architektur. Im Inneren wurden die Küche, die Zuckerbäckerei sowie die Silberkammer untergebracht.

Das nunmehr ehemalige Palais Sinzendorf bekam als neue Funktion die Speisesäle eingebaut und galt ab nun als Speisesaaltrakt. Zur Berühmtheit wurde

der bis heute erhalten gebliebene ovale Saal, der prächtige Fresken durch den Barockkünstler Vinzenz Fischer erhalten hatte. In diesem Saal wurden im 19. Jahrhundert Kronprinz Rudolf und seine Schwester Gisela getauft, beide erblickten in Laxenburg das Licht der Welt.

Als einzige gänzliche Neuschöpfung des Neuen Schlosses wurde durch Pacassi ab 1753 das Schlosstheater am südlichen Ende dieses neuen Schlosskomplexes errichtet. Der Zuschauerraum wurde ebenso aufwendig mit Fresken dekoriert. Die Fassade des Theaters wurde recht schlicht gehalten, zum Parkhaupteingang hin wurde ein hoher Portikus mit figuralem Schmuck als Eingangssituation errichtet.

Linke Seite und oben: Das Belvedere wurde mit illusionistischen Landschaftsbildern ausgestattet

Anfangs verband man die nun entstandenen Baukörper der Speisesäle sowie des Schlosstheaters durch Laubengänge miteinander. Ab den 1760er-Jahren wurden diese Laubengänge ebenso durch gemauerte Gebäude ersetzt, damit sich die hohen Herrschaften bei Wind und Wetter geschützt und ungesehen innerhalb des Schlosskomplexes bewegen konnten. Das Neue Schloss, der Blaue Hof, bestand bei seiner Vollendung aus dem einstöckigen Hauptgebäude mit den kaiserlichen Appartements, der Silberkammer, der Schlossküche samt Zuckerbäckerei, den Speisesälen sowie dem Schlosstheater. Vom Schlossplatz in Richtung Schlosspark errichtete man entsprechend der Gesamtidee eine barocke Fassade, der Speisesaaltrakt erhielt beim Eingang zum Parkhaupteingang ebenso wie das Schlosstheater einen Portikus. Auf dem Portikus befindet sich ebenfalls figuraler Schmuck, der an die einst in Laxenburg so beliebte Reiherjagd erinnert. Der Ehrenhof des Neuen Schlosses zwischen Schlossplatz und Parkhaupteingang war somit vollendet. Um die barocke Symmetrie wahren zu können, musste man sich aber auch der gegenüberliegenden Seite des Ehrenhofes widmen.

Mit dem Erwerb der Herrschaft Laxenburg durch die Familie Habsburg 1306 kam auch der zugehörige Gutsbetrieb in deren Besitz. Gegenüber dem neu geschaffenen Speisesaaltrakt befand sich der mittelalterliche Meierhof in Form eines Vierkanters. Als Wirtschaftsgebäude für die Landwirtschaft war dieser

Blick vom Belvedere zur Pfarrkirche Laxenburg

Meierhof von großer Bedeutung, in weiterer Folge wurde dieses Gebäude als Schüsseltrakt bezeichnet. Der Namen leitet sich von einem schüsselförmigen Brunnen ab, der sich genau vis-à-vis vom Eingang in den Speisesaaltrakt befindet. Weiters befand sich zwischen Altem Schloss und Schüsseltrakt zur damaligen Zeit ein Professhaus der Jesuiten, das nunmehr ebenso in habsburgischen Besitz gebracht werden konnte und als Kaserne umgestaltet wurde. Um nun einen der Schlossanlage würdigen Ehrenhof in barocker Symmetrie zu erhalten, erhielten der Schüsseltrakt sowie die nunmehrige Kaserne ab etwa 1770 eine barocke Fassade vorgesetzt. Dadurch konnte man den barocken Korrespondenzgedanken des Gegenübers umsetzen und man erhielt eine entsprechende Vorfahrtsmöglichkeit in Richtung Parkanlagen.

Bemerkenswert ist der Umstand, dass sich Maria Theresia mit dem Neuen Schloss einen Wohnsitz inmitten des Ortszentrums von Laxenburg schuf. Am Schlossplatz, gegenüber von Pfarrkirche und Rathaus gelegen, hatte sie offenbar keine Scheu vor der Teilnahme am täglichen Ortsgeschehen. Auch die Teilnahme am Gottesdienst in der Pfarrkirche stand bei der Monarchin an der Tagesordnung, über den damals gesandeten Schlossplatz legte man einen eigens dafür gepflasterten Weg vom Schloss zur Pfarrkirche an.

Am Ende der 1760er-Jahre war das Neue Schloss fertiggestellt und hat sich seitdem äußerlich kaum mehr verändert. Das Alte Schloss blieb trotzdem bestehen, denn trotz der ganzen neuen Pracht blieb der Wohnraum in Laxenburg für den kaiserlichen Tross immer knapp. Die nachfolgenden Kaiser nahmen vor allem am Mobiliar und an der Raumeinteilung Änderungen vor, große bauliche Veränderungen kamen allerdings nicht mehr zu tragen. In den 1920er- und 1930er-Jahren konnten die ehemals kaiserlichen Appartements noch besichtigt werden. Nach den enormen Kriegsschäden des 20. Jahrhunderts wurde das Neue Schloss von 1962 bis 1979 umfassend restauriert. Der Großteil des Gebäudes wird seit 1974 vom *International Institute for Applied Systems Analysis* (IIASA) verwendet, die Speisesäle sowie das Schlosstheater vom Conference Center Laxenburg.

Blauer Hof, Aufgang vom Vestibül in die ehemaligen kaiserlichen Appartements

DIE ENTWICKLUNG DES SCHLOSSPARKS

Alte Schwechat bei der Eichenhainbrücke.
Ausschnitt einer Gouache von Jakob Alt (1789–1872), „Das Haus der Laune in Laxenburg",
Sammlung WIEN MUSEUM.

DIE GARTENANLAGEN IM BAROCK

Ab 1763 entstand nicht nur das Neue Schloss, in diesem Jahr hielt die intensive Gartenkultur in Laxenburg Einzug. Zu der Zeit ist der Aufenthalt von Adrian van Steckhoven, Hofgärtner aus Schönbrunn, nachweisbar. In den Jahren 1763–1768 ist die Tätigkeit von Jean-Pierre Beaulieu in Laxenburg dokumentiert, seines Zeichens ein Fachmann für hydraulische Bauwerke. Aus seiner Hand sind Pläne erhalten geblieben, die Auskunft über die damalige Gartensituation geben.

In der damaligen Zeit nahm die Gartenkunst in Laxenburg generell einen sehr eigenständigen Weg. Im Nahbereich des Blauen Hofes war bereits der Garten des ehemaligen Palais Sinzendorf vorhanden. Dieses Palais ist, wie schon vorher beschrieben, als Speisesaaltrakt an das Neue Schloss angegliedert worden. Dieser Garten wurde aufgrund seiner fächerartigen Form als „Waderlgarten" bezeichnet. Er hatte die typische Ausstattung eines geometrischen Gartens der damaligen Zeit, neben Parterres und einer zentral gelegenen Fontaine (Brunnen) fand sich auch ein kleines Boskett am östlichen Ende der Gartenfläche.

Nördlich davon, ausgehend von der Gartenfassade des Blauen Hofes, befanden sich die barocken Gartenbereiche aus der Zeit vor dem Ankauf unter Maria Theresia, allen voran die Reste des einstigen Schönborn'schen Gartens. Auch hier lassen sich Parterres, Alleen oder etwa Brunnen streng in barocker Ordnung auf den Plänen von Beaulieu nachweisen. Südlich vom Waderlgarten, etwa zwischen dem Schlosstheater und dem abgegangenen Ulfeldhaus gelegen, befand sich ebenfalls ein geometrischer Gartenbereich, der seinen Ursprung schon im Mittelalter gefunden haben dürfte. Dieser Gartenbereich wurde wiederum als Nutzgarten adaptiert.

Nun haben wir über drei Gartenbereiche erfahren, die sich im Nahbereich des Schlossgebäudes mehr oder weniger die Eigenständigkeit bewahrt haben. Trotz der Errichtung des Neuen Schlosses hat man diese Grundstrukturen kaum verändert und sogar an deren Fortführung gearbeitet. Während in den meisten barocken Gartenanlagen das Schlossgebäude mit den Gartenanlagen eine Einheit bildet, blieb es in Laxenburg bei einer interessanten Mischung, die sich aus der Entstehungsgeschichte der Flächen ergeben hatte. Zieht man andere berühmte Barockanlagen dieser Zeit, wie etwa Schönbrunn oder das Wiener Belvedere, zum Vergleich heran, erkennt man sehr schnell die Alleinstellungsmerkmale der Gärten in Laxenburg. Bei den beiden letztgenannten Schlossanlagen gibt es je eine Haupt-

Kaiser Franz Joseph I. und Kaiserin Elisabeth von Österreich im Schlosspark, im Hintergrund die Franzensburg. Holzstich von Henry Anelay (1817–1883), Sammlung WIEN MUSEUM.

achse, die Gebäude und Garten dominiert. Man kann weiters feststellen, dass die Schlossgebäude den Ursprung aller geometrischer Gestaltung markieren.

dessiné par L. Janscha.

Ansicht des K. K. Lustschloßes Laxenburg

umweit Wien

Zu finden in Wien

grave par J. Ziegler

Vüe de Laxembourg, château de Plaisance de S.M. L'Empereur

près de Vienne

Artaria Compe.

Vorhergehende Doppelseite: Das neue Schloss, der Blaue Hof, links die Hauptfassade zum Schlossplatz, rechts der Ehrenhof mit Küchentrakt Richtung Parkhaupteingang. Kolorierte Radierung/Kupferstich von Johann Andreas Ziegler (1749-1802), nach: Laurenz Janscha (1744–1812), um 1786. Sammlung WIEN MUSEUM

Laxenburg hat hier ein spannendes Alleinstellungsmerkmal, das aber den historischen Wert nicht mindern soll. Bei all der barocken Pracht der neuen Schlossgebäude hatte der Blaue Hof einen sehr unregelmäßigen Grundriss erhalten, der zahlreiche Hauptachsen für eine Gartengestaltung zugelassen hätte. Eine Variante, die sich vermutlich am meisten angeboten hätte, wurde aber niemals aufgegriffen. Viele geradlinige Strukturen, die sich aus diesem Gebäude ergeben, hätten sich perfekt als Hauptachse angeboten, es sollte aber ganz anders kommen.

Für die weiteren gestalteten Bereiche hatte man sich am Palamaygang orientiert, die lange Ballspielbahn der Habsburger zwischen Reitstall und Forstmeisterkanal war in der Erhaltung sehr kostenintensiv. Vermutlich war dieser ein ausschlaggebender Punkt für die Erhaltung und Integration in die neuen Barockgärten. Diesen Palamaygang hatte man nun zwei Mal parallel in Richtung Osten verschoben. Damit wurden zwei neue Achsen gewonnen: die Achse, die heute noch vom Grünen Lusthaus und dem Concordiatempel gebildet wird, sowie die Münchendorfer Achse. Auch die letztgenannte Achse ist bis in unsere Tage existent geblieben und markiert den Sichtbezug zwischen der Laxenburger und der Münchendorfer Kirche. Auf diesen nun gewonnenen Flächen wurde der heute noch erhalten gebliebene Waldstern mit dem Grünen Lusthaus geschaffen. 1764 entstand damit einer der Lieblingsorte von Maria Theresia. In erster Linie hatte dieser Waldstern aber wieder der jagdlichen Tätigkeit gedient, der Pavillon war auch im Ursprung Diana, der römischen Göttin der Jagd, gewidmet. Vinzenz Fischer schuf dazu an der Unterseite der Kuppel des Pavillons das prunkvolle Fresko „Agamemnon auf der Jagd", wo Diana auf einem goldenen Streitwagen, gezogen von zwei Rothirschen, zu erkennen ist.

Während der Waldstern das Naturwerk repräsentiert, wurde in südlicher Richtung angrenzend der Alleestern angelegt. Er repräsentierte das architektonische Werk und war durch sternförmig angelegte Alleen dem Waldstern sehr ähnlich. Hier regierte jedoch der strenge kastenförmige Schnitt an den Bäumen, der heute noch in anderen barocken Anlagen erlebbar ist. An den Alleestern angrenzend entstand der erste Teil des Forstmeisterkanals zwischen Forstmeisterbrücke und Fischerdörflbrücke.

Der innere Burghof der Franzensburg. Kolorierter Stich von Joseph Ignaz Gurk (1773–1835) und Eduard Gurk (1801–1841), um 1825. Sammlung WIEN MUSEUM.

Natürlich gab es auch Pläne über wesentlich großzügigere Gartenanlagen, die aber niemals realisiert wurden. Es werden wohl vorwiegend Kostengründe gewesen sein, die wesentlich aufwendigere Pracht verhindert haben. Doch gerade der Umstand eines scheinbaren „Flickenteppichs" der Gartenkunst macht die Geschichte von Laxenburg so einzigartig.

In den 1770er-Jahren sind noch zahlreiche Aktivitäten in der Gartengestaltung nachgewiesen, unter Kaiser Joseph II. sollte dann wieder richtig Bewegung in die Angelegenheit kommen. Eine neue Idee, die ihren Ursprung in England gefunden hatte, war in Laxenburg angekommen: der Landschaftsgarten.

DIE GÄRTEN WERDEN ZUM LANDSCHAFTSPARK

Kaiser Joseph II. wird oft in Zusammenhang mit neuen und revolutionären Gedanken in Verbindung gebracht. Er war auf jeden Fall deutlich aufgeschlossener als seine Mutter und für neue Ideen und Prinzipien empfänglich. Das spiegelt sich natürlich auch in der Gartenkunst wider, gerade der Landschaftsgarten steht für das Zeitalter der Aufklärung und neues Gedankengut.

Nachfolgende Doppelseite: Der äußere Burghof der Franzensburg. Aquarell von Joseph V. Sotira (fraglich), 1832. Sammlung WIEN MUSEUM

Der Thronsaal der Franzensburg. Kolorierter Stich von Joseph Ignaz Gurk (1773–1835) und Eduard Gurk (1801–1841), um 1825, Sammlung WIEN MUSEUM.

Die landschaftliche Gestaltung konnte auch in Österreich Fuß fassen, allerdings vorerst etwas im Abseits des Machtzentrums in Wien. Laxenburg hatte das Glück, etwas außerhalb von Wien zu liegen. Während man in Wien eher an geometrischen Gärten noch bis weit in das 19. Jahrhundert hinein festgehalten hatte (z. B. Volksgarten, Heldenplatz), war man in Laxenburg offenbar dem neuen Gartentypus aufgeschlossener eingestellt.

Kaiser Joseph II. erweiterte die Flächen rund um die bestehenden Gartenanlagen aus der Zeit seiner Mutter, Maria Theresia. In seinen Regierungsjahren wurden die keilförmige Fläche südlich des Forstmeisterkanals sowie der spätere Karolinenhain und der Prater angekauft. Die beiden letztgenannten Bereiche finden in diesem Buch noch ihre Beschreibung.

1782–1783 konzipierte der vom Kaiser beauftragte Isidore Canevale (Ganneval) diese Flächen als Landschaftsgärten, ein Plan aus diesen beiden Jahren zeigt in etwa schon die heute noch bestehende Grundstruktur. Neu zu diesem Zeitpunkt waren die sich durch das Gelände schlängelnden Wege, die weiten Wiesenräume, Baumgruppen in allen Varianten und sanft mäandrierende Wasserläufe. Die barocken Gartenteile blieben vorerst noch unangetastet, rundherum wuchsen aber die landschaftlichen Teile Zug um Zug.

Bis 1789 sind rege Gartenaktivitäten belegt, Baumpflanzungen in beeindruckender Stückzahl sind aus dieser Zeit gut nachweisbar. Auch das Mobiliar des Schlossparks erfuhr eine Erneuerung, allein 400 neue Parkbänke veranschaulichen sehr schön auch die etwa zeitgleiche Öffnung der Gärten für die Öffentlichkeit. Als der Prater in Wien 1766 für die Öffentlichkeit zugänglich gemacht wurde, folgten nach und nach auch die anderen habsburgischen Parks und Gärten, in den 1780er-Jahren war es dann auch in Laxenburg so weit.

Bis 1790 wurde noch ein landschaftlich gestalteter Gartenbereich geschaffen, der direkt an den Waderlgarten angrenzte. Noch wurde an den barocken Gärten vor dem Blauen Hof festgehalten, was sich in nur wenigen Jahren ändern sollte.

DER SCHLOSSPARK ERHÄLT SEIN HEUTIGES AUSSEHEN

Nach der kurzen Regierungszeit von Kaiser Leopold II. 1790–1792 bestieg sein Sohn Franz I. den Thron, bis 1806 noch als Franz II. des Heiligen Römischen Reichs Deutscher Nation. Mit ihm begann die zweite große Bauphase in Laxenburg, die sich vorrangig der Gartenkultur widmen sollte. Vor allem die Jahre 1792–1807 mit seiner zweiten Gemahlin, Maria Theresia von Neapel-Sizilien, waren für Laxenburg äußerst fruchtbar. Bereits 1792 und 1793 gab es Neupflanzungen in hoher Stückzahl, die Arbeiten an den Gärten nahmen wieder deutlich an Intensität zu.

Mit Kaiser Franz I. hielt auch die Welt des Mittelalters in Laxenburg Einzug, die Neogotik wurde vor allem an den Parkstaffagegebäuden zum vorherrschenden Stil. Dem Kaiser waren die Auswirkungen der Französischen Revolution bewusst – wohl einer der Gründe, warum er gerne an „große alte Zeiten“ anknüpfen wollte. Trotz der Wahl des Landschaftsgartens als Gestaltungstyp in Laxenburg finden sich mit dem so entstandenen „Rittergau“ immer wieder Anknüpfungspunkte an vergangene Zeiten.

Auch im Bereich der Gewässer des Schlossparks setzte man neue Akzente, Schleusenanlagen wurden erneuert und der Forstmeisterkanal wuchs langsam zu seiner heutigen Länge heran. Der Ingenieur Sebastian Maillard, der sich später auch mit dem berühmten „Wiener Neustädter Kanal“ einen Namen machen sollte, kam für diesen Zweck nach Laxenburg.

1795 entstand der Concordiatempel, der Tempel für die Eintracht der Völker. Solche Rundtempel waren und sind bis heute beliebte Objekte in den Gärten, nicht nur in Laxenburg. In diesen Rundtempeln wurde ein ideales Bild an Schönheit und Harmonie gesehen. Trotz der nun vorwiegenden landschaftlichen Konzeption fand der Concordiatempel seinen Bauplatz nach streng geometrischen Prinzipien.

Das Jahr 1798 war ein sehr bedeutendes Jahr in der Geschichte der Schlossanlage: Michael Riedl kam nach Laxenburg und wurde zum Oberaufseher über Park und Gebäude bestellt. Natürlich fielen mit dieser Bestellung auch alle Baumaßnahmen in seine Zuständigkeit. Man kann dieses Jahr durchaus als das Geburtsjahr des heutigen Aussehens des Schlossparks bezeichnen, von nun an wuchsen die Gartenanlagen zu ihrer heutigen Größe und zu ihrem heutigen Aussehen heran.

Ab diesem Jahr ist von zahlreichen Bauarbeiten an den Gebäuden des Schlossparks die Rede, die meisten Berichte lassen sich heutzutage nur mehr schwer einem einzelnen Objekt zuordnen. Die beiden Schlösser blieben unverändert, hier kam es zumindest äußerlich zu keinen großen Aktivitäten. Die Innenräume wurden sehr wohl adaptiert, jeder Kaiser ließ die Appartements nach seinem Geschmack einrichten und verändern. Die Reste von dem Mobiliar aus der damaligen Zeit können heute im Hofmobiliendepot in Wien bewundert werden.

Während sich also die Arbeiten an den Schlössern eher in Grenzen hielten, herrschte in den Gartenanlagen umso mehr höheres Treiben. Dokumentiert sind Pflanzenlieferungen in enormen Mengen, pro Art sind einige Tausend angeliefert worden. Gleichzeitig wurde eine neue Baumschule geschaffen, um den riesigen Bedarf an Pflanzmaterial noch besser abdecken zu können. Zur damaligen Zeit schuf man in erster Linie eine Struktur aus heimischen Arten. Esche, Ahorn, Erlen oder etwa Birken fanden sich unter den Bäumen, im Strauchbestand wurden Weißdorn, Hartriegel oder etwa Spindelstrauch angeliefert.

Die wohl größten Aufgaben im Jahre 1798 lagen aber im Beginn der Neuanlage des Schlossteichs und auch in der Grundsteinlegung der Franzensburg. In diesem Jahr wurde somit mit einem der wichtigsten klassizistischen Gebäude Österreichs begonnen. Ganz wesentlich ist der Umstand, dass die Franzensburg von Anfang an als „Gartenhaus“ konzipiert war. Man wollte keinen weiteren Wohnsitz schaffen, sondern eine Traumwelt der großen Vergangenheit der kaiserlichen Familie, ein Museum mit Reminiszenzen an die eindrucksvolle Geschichte. Viele solcher Gebäude sollten diesem Gedanken folgend noch europaweit und mit anderen Adelshäusern entstehen. Im Schlosspark Laxenburg wurde mit diesem Gartenhaus eines der ersten seiner Art errichtet.

Die Allee zum Blauen Hof, um 1850. © Archiv Schloss Laxenburg Betriebsgesellschaft mbH

Im Jahre 1799 war die Beliebtheit der Schlossanlage offenbar schon sehr weit fortgeschritten, in diesem Jahr wurde erstmals ein Fremdenführer angestellt. Gleichzeitig setzten sich die intensiven Arbeiten in der Parkanlage fort. Unter der Leitung von Michael Riedl wurde der Rittergau konzipiert, die Pläne für den Turnierplatz, die Rittergruft, die Rittersäule und die gotische Brücke wurden dem Kaiser vorgelegt. Das Wesen des Rittergaus sollte vor allem durch eine immergrüne Bepflanzung mit Koniferen bestimmt sein. Durch diesen Umstand wurden 10.000 Stück Nadelbäume ausgepflanzt. Auch in den anderen Bereichen wurden wiederum Tausende Pflanzen ausgesetzt und arrangiert.

Die hohe Intensität an Arbeiten lockte immer mehr Besucher*innen nach Laxenburg, 1801 wurde die erste Parkwache eingesetzt. Schon damals mussten die Besucher*innenströme in gelenkte Bahnen geleitet werden. Zudem galt es, die neu gepflanzten Flächen vor unliebsamen Einflüssen zu schützen. Die ersten Regeln wurden für den Schlosspark erlassen. Das „Rauchen von Tabak“ und der „Verzehr von Speisen“ waren strengstens verboten, den Schlosspark durfte man nur im Sonntagsrock betreten.

Am 5. Oktober 1801 war es dann so weit, die Franzensburg war in der ersten Phase fertiggestellt. An diesem Tag konnte der Kaiser erstmals die nach ihm benannte „gotische Veste“ im Schlosspark betreten. Das Gästebuch ist heute in der Eingangshalle der Franzensburg ausgestellt, auf der ersten Seite hat sich natürlich der Kaiser persönlich verewigt. Doch es sollte noch bis 1835 dauern, bis die Franzensburg tatsächlich in ihrer heutigen Form vollendet werden konnte.

Doch nicht nur die Franzensburg, auch der Schlosspark wurde intensiv durch die kaiserliche Familie während der Aufenthalte genutzt. Zahlreiche Erinnerungen in Tagebüchern oder Briefen geben auch heute noch einen Einblick in die ländlichen Freuden der einzelnen Familienmitglieder. Der Einfluss an der aktiven Mitgestaltung an den Gartenanlagen ist ebenso mehrmals überliefert worden. Immer wieder liest man von einem einfach gekleideten Kaiser Franz, der in Laxenburg seinem erlernten Gärtnerhandwerk nachgegangen ist. Zwar gibt es keinen Beweis dafür, dass Kaiser Franz tatsächlich eine Gärtnerlehre absolviert hat, sein heute noch in Wien ausgestelltes Gartenwerkzeug bekundet aber zumindest sein enormes Interesse an seinen Gärten, nicht nur in Laxenburg.

1806 und 1807 war es dann so weit, die barocken Gartenteile neben dem Blauen Hof mit dem Waderlgarten mussten der landschaftlichen Gestaltung weichen. Unter dem Partieführer Martin Cimani wurden die geometrischen Formen entfernt, das Schloss erhielt seinen „Pleasure ground". So nennt sich der Nahbereich vom Landschaftsgarten am Gebäude. Meist intensiver als der Rest des Gartens gestaltet, schafft er den Übergang vom Gebäude in die gestalteten Grünflächen.

Ebenfalls aus dem Jahre 1806 haben sich Korrespondenzen erhalten, die sehr schön verdeutlichen, dass Kaiser Franz I. höchstpersönlich am Gedeihen seiner Gärten interessiert gewesen ist. Die ebenso am Hof tätigen Hofarchitekten hatten ein kritisches Auge auf den Schlosshauptmann Riedl geworfen, doch Riedl genoss das Vertrauen des Kaisers. Kaiser Franz I. hielt fest, dass ausschließlich Michael Riedl über das weitere Gedeihen der Schlossanlage bestimmen dürfe, natürlich unter den Augen des Allerhöchsten Herrn. Nicht minder war aber auch der Einfluss von Kaiserin Maria Theresia, der zweiten Frau von Kaiser Franz. Zwar war ihr kein langes Leben beschieden, dennoch gehen viele Ideen aus ihrer Schöpfungskraft hervor. Das „Haus der Laune" etwa, dass 1798 ebenso wie die Franzensburg begonnen wurde, stammt zu einem großen Anteil aus ihrem Ideenreichtum. Mit diesem launenhaften Haus wurde ein bis heute einzigartiges Objekt geschaffen, dem allerdings keine lange Existenz beschieden war. Die Napoleonischen Kriege forderten auch von der Schlossanlage Tribut. 1809, während des Aufenthalts der französischen Truppen in Laxenburg, wurde das

Haus der Laune schwer beschädigt. Bereits am 13. April 1807 verstarb die Kaiserin mit nur knapp 35 Lebensjahren und damit wurden auch viele ihrer Ideen zu Grabe getragen. Trotzdem, die Arbeiten an der Schlossanlage wurden intensiv fortgesetzt.

In jenen Jahren entstand auch die Grotte, die eigentlich der Standort für eine Kopie der Ruine Habsburg aus der Schweiz werden sollte. Passend zur Glorifizierung seiner Familiengeschichte fertigte Johann Ferdinand Hetzendorf von Hohenberg Pläne zu einer Replik des habsburgischen Stammsitzes, die Grotte bildete dafür das künstlich geschaffene Fundament. Wie so oft musste hier in weiterer Folge der Sparstift angesetzt werden, die Idee der Ruine Habsburg befindet sich heute im sogenannten Vereinigungsbau der Franzensburg. Mit der Grotte wurde aber ein Spiegel des Naturverständnisses des frühen 19. Jahrhunderts hinterlassen, der auch heute noch beeindruckt. Der Aufwand war enorm, die massiven Kalksteine der Grottenanlage stammen aus Kaltenleutgeben und wurden eigens nach Laxenburg transportiert. 1821 wurde unter die Planungen für die Grotte ein Schlussstrich gezogen und dieses Gartendenkmal in der heutigen Fassung fertiggestellt.

Mit dem Tod von Kaiser Franz 1835 war der Schlosspark in seiner heutigen Struktur vollendet. Rund 35 Jahre lenkte der Kaiser mit seinem Schlosshauptmann Michael Riedl die Geschicke der Schlossanlage, die Gärten waren zum größten Landschaftsgarten Österreichs herangewachsen. 1836 wurde in Erinnerung an den Kaiser die Kolossalbüste durch seine nun verwitwete vierte Gemahlin Karoline Auguste am Ende der Allee vom Blauen Hof aufgestellt. Dieses Denkmal wurde vom Bildhauer Giovanni Battista Comolli geschaffen und war schon zu Lebzeiten des Kaisers ein Geschenk der Stadt Mailand an Karoline Auguste.

Kaiser Ferdinand gab bis 1841 noch die Marianneninsel mit dem neogotischen Pavillon in Auftrag. Dies sollte auch die letzte Parkerweiterung sein. Ab diesem Jahr war man in erster Linie mit der Instandhaltung beschäftigt, die damit verbundenen Herausforderungen waren den heutigen sehr ähnlich. 1852 verstarb Johann Michael Sebastian Riedl von Leuenstern. 59 Jahre war er im Dienst des Kaiserhauses gestanden.

In den kommenden Jahren liest man von zahlreichen Instandhaltungsarbeiten, 1873 wurden der Turnierplatz und der Pavillon auf der Marianneninsel saniert. 1874 waren die Ufer des Schlossteichs baufällig und mussten ausgebessert werden, 1879 war das Grüne Lusthaus mit einer Restaurierung an der Reihe.

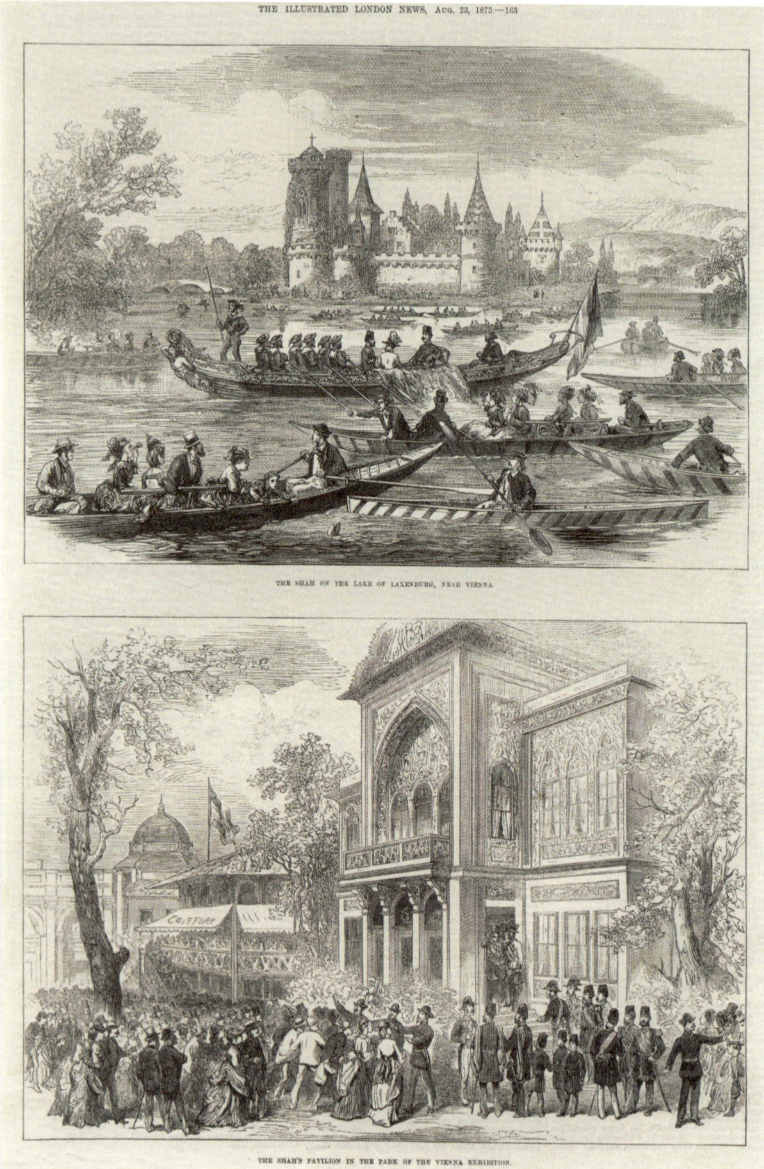

Oben: Naser ad-Din, Schah von Persien, in Wien; am großen Schlossteich in Laxenburg vor der Franzensburg

Unten: Der Pavillon des Schahs im Park der Wiener Weltausstellung. Holzstiche von unbekanntem Künstler, um 1873. Sammlung WIEN MUSEUM.

Kaiser Franz Joseph und seine Gemahlin Elisabeth – genannt Sisi – verbrachten nach ihrer Hochzeit am 24. April 1854 die Flitterwochen in Laxenburg, große Änderungen an der Schlossanlage selbst brachte dieses Ereignis nicht. 1856 wurde Erzherzogin Gisela, 1858 Kronprinz Rudolf in Laxenburg geboren. Vor allem die Taufe von Rudolf wurde sehr aufwendig gestaltet, der große Ovale Saal im Speisesaaltrakt des Blauen Hofes bekam eigens dafür eine reiche Dekoration. In den weiteren Lebensjahren des Kaiserpaares hatte Laxenburg zwar einen Platz in deren Leben, Elisabeth hatte aufgrund ihrer Reisetätigkeit aber andere Hauptinteressen. Der von Franz Joseph bevorzugte Landsitz war eindeutig Bad Ischl, die alpine Landschaft war für den leidenschaftlichen Jäger von großer Wichtigkeit.

An dieser Stelle muss man festhalten, dass jeder Kaiser seine bevorzugten Aufenthaltsorte genoss. Aufgrund der Vielzahl der Residenzen investierte man in unterschiedlicher Intensität in die einzelnen Anlagen, manchmal begnügte man sich mit der reinen Instandhaltung und einige Projekte wurden nahezu aufgegeben. Berühmtes Beispiel in der Nähe zu Laxenburg ist das Schloss Neugebäude, ab 1600 hat man im Wesentlichen das Interesse an dieser Renaissanceanlage verloren.

1885 erreichte eine Modernisierungswelle Laxenburg, 190 Petroleumlampen wurden zur Beleuchtung des Schlossparks aufgestellt. Sportliche Aktivitäten standen bereits damals an der Tagesordnung, 1890 wurden ein „Lawn-Tennisplatz" sowie eine Kegelbahn im Paradiesgarten des Blauen Hofes errichtet. Der Paradiesgarten ist jener Gartenbereich, der innerhalb des Neuen Schlosses zu liegen kam und von außen nicht betreten werden konnte. Viele weitere Bau- und Sanierungsmaßnahmen sind belegt. Mit dem Ersten Weltkrieg und dem Untergang der Donaumonarchie erwarteten die Schlossanlage äußerst schwierige Jahre.

Mit dem Schlosspark Laxenburg wurde der größte und einer der bedeutendsten Landschaftsgärten Österreichs und Europas geschaffen. Viele Gestaltungsideen haben hier in einer einzigartigen Gestaltungsform zusammengefunden. Die gänzliche landschaftliche Gestaltung sucht man in Laxenburg aber vergebens, die Ursachen dafür sind vermutlich sehr vielfältig. 1815/16 wurde der bedeutende Landschaftsarchitekt Peter Joseph Lenné in Laxenburg angestellt, in einem von ihm erhaltenen Generalplan forderte er die gänzliche Umgestaltung der Parkanlagen. Wie man am erhaltenen Waldstern und dem Forstmeisterkanal erkennen kann, wurde dem nicht entsprochen. Trotzdem oder vielleicht gerade deswegen entstand ein unverkennbares Gartendenkmal im Süden Wiens.

DIE SCHLOSSANLAGE IM 20. JAHRHUNDERT

Das 20. Jahrhundert sollte sich in seinem Verlauf als eine der härtesten Prüfungen für die Schlossanlage herausstellen. Nach dem Tod von Kaiser Franz Joseph am 21. November 1916 wurde Karl I. zum Kaiser von Österreich gekrönt. In dieser Zeit tobte der Erste Weltkrieg über Europa. Österreich blieb zwar von Kriegsschäden weitgehend verschont, die große Not dieser Jahre machte aber auch vor Laxenburg nicht halt.

Kaiser Karl I. verlegte das Oberkommando der Streitkräfte nach Baden und bezog als Residenz die Schlossanlage Laxenburg. Während der Schlosspark unverändert blieb, wurden im Schloss, dem Blauen Hof, noch umfangreiche Umgestaltungen des Mobiliars vorgenommen. Kaiser Karl I. und seine Gemahlin, Kaiserin Zita, ließen aus dem kaiserlichen Fundus die Appartements im Schloss entsprechend ihren Vorstellungen umgestalten.

Noch einmal sollte Laxenburg in der Geschichte des Habsburgerreiches eine Schlüsselrolle bekommen: durch die berühmte Sixtus-Affäre. Kaiser Karl I. war bestrebt, den Ersten Weltkrieg zu beenden. Er wollte, wohl wissend um die Gefahren für sein Reich, den Friedenszustand wiederherstellen. Er verfasste am 24. März 1917 einen Brief mit dem Bemühen um Friedensverhandlungen an den französischen Präsidenten. In weiterer Folge beauftragte er die beiden Brüder seiner Gemahlin, Sixtus und Xaver, diesen Brief zu überbringen. Die Übergabe des Briefes an die beiden Brüder erfolgte im Blauen Hof, die beiden Bourbonenprinzen nutzten einen Seiteneingang des Schlosses, um zum Kaiser zu gelangen. Von diesem Seiteneingang führte eine unscheinbare Wendeltreppe, die heute noch als „Sixtusstiege" bezeichnet wird, zu den kaiserlichen Appartements im ersten Stock. Trotz aller Bemühungen scheiterten die Friedensverhandlungen. Die Geschichte nahm den bekannten Verlauf. 1918 war der Krieg zu Ende und auch in Laxenburg endete die jahrhundertelange Herrschaft der Habsburger.

Nach 1918 wurde die Schlossanlage samt Ländereien an den sogenannten Kriegsgeschädigtenfonds übertragen. Dieser Stiftungsfonds übernahm neben Laxenburg auch weitere habsburgische Besitztümer und versorgte mit seinem Reinertrag Witwen und Waisen des Ersten Weltkriegs. 1923 wurde die Schlossanlage auch grundbücherlich von diesem Fonds einverleibt.

1922 startete man den ersten Versuch, die Schlossanlage intensiv touristisch zu vermarkten. Die dafür gegründete „Société Anonyme Chateau Laxenbourg" war allerdings bereits 1924 in Konkurs, die Schlossanlage verblieb beim „Kriegsgeschädigtenfonds".

Knappenhof um 1918. © Archiv Schloss Laxenburg Betriebsgesellschaft mbH

Bedingt durch die politische Entwicklung nach dem Bürgerkrieg von 1934 wurde 1937 der Kriegsgeschädigtenfonds aufgehoben. An dessen Stelle trat der Familienversorgungsfonds des Hauses Habsburg-Lothringen. Die Schlossanlage wurde bis 1938 an diesen neuen Fonds grundbücherlich übertragen, somit war die nun ehemals kaiserliche Familie mit ihrer ehemaligen Residenz noch einmal im Kontakt.

Als nun 1938 Österreich an das Deutsche Reich angeschlossen wurde, kam es erneut zu einer sofortigen Änderung der Besitzverhältnisse. Der Familienfonds befand sich ab dem Anschluss in Liquidation. Zur gleichen Zeit wurde die Stadtfläche von Wien zu Groß-Wien deutlich erweitert, Laxenburg kam nun im neu entstandenen 24. Bezirk Mödling zu liegen. Die Gemeinde hatte ihre Eigenständigkeit verloren und die Schlossanlage lag nun an der südlichen Grenze zu Niederösterreich. Mit Bescheid vom April 1941 durch den „Reichsminister für Finanzen" wurden „Schloss und Park Laxenburg" sowie die „Landwirtschaft Laxenburg" ins Eigentum der Stadt Wien übertragen.

Der Zweite Weltkrieg war auch für Laxenburg verheerend, der Ort und die Schlossanlage wurden stark in Mitleidenschaft gezogen. Schäden entstanden durch die unmittelbaren Kriegseinwirkungen, aber auch die unmöglich gewordene Instandhaltung hinterließ viele schwere Verluste. Nach 1945 bezog die Rote Armee das Schloss. Neben einer Kommandantur wurden auch Werkstätten und Lagerflächen in die ehemaligen Prunkräume eingerichtet. Nach dem Abzug der Besatzung 1955 war die gesamte Schlossanlage in einem denkbar schlechten Zustand. Viele Gebäude waren derart beschädigt, dass man auch über einen teilweisen Abriss diskutierte.

Die Gemeinde Laxenburg war durch das Gebietsverhandlungsgesetz der Stadt Wien 1954 mittlerweile wieder zu Niederösterreich gekommen, die Schlossanlage verblieb im Besitz der Stadt Wien. Nach sehr intensiven Verhandlungen einigten sich die beiden Länder Wien und Niederösterreich auf den Wiederaufbau der Schlossanlage und den Ausbau zu einem Erholungsgebiet für die Bevölkerung im Süden Wiens. Am 16. März 1962 unterzeichneten die beiden Landeshauptleute, Leopold Figl für Niederösterreich und Franz Jonas für Wien, die Gründungsurkunde der Schloss Laxenburg Betriebsgesellschaft m. b. H. Beide Länder fungierten zu je 50 % als Gesellschafter. Im gleichen Jahre wurde die Schlossanlage durch die Stadt Wien der Schloss Laxenburg Betriebsgesellschaft m. b. H. in Bestand gegeben. Die Schlossanlage war mit diesem Vorgang gerettet und der Wiederaufbau sowie die Renovierungen konnten beginnen.

Die substanziellen Schäden waren zum damaligen Zeitpunkt derart enorm, dass sogar ein teilweiser Abbruch im Raum stand. Das Neue Schloss, der Blaue Hof, war de facto im Zustand eines Rohbaus. Kaum ein Fenster war intakt und im gesamten Gebäude war die kaiserliche Pracht dahin. Das Ulfeldhaus beim Parkhaupteingang war zur Gänze zerstört, an dieser Stelle kam es tatsächlich zu keinem Wiederaufbau. Auch die weiteren Gebäude waren stark in Mitleidenschaft gezogen, hatten die Kriegswirren aber deutlich besser überstanden. Das Alte Schloss oder die Kaserne etwa konnten sehr rasch für Wohnzwecke wiederhergestellt werden, gleiches galt für den Gärtnerhof. Die Franzensburg war zwar in einem enorm verwahrlosten Zustand, trotzdem hatte sich vieles vom Originalbestand bewahrt. Die Kunstgegenstände und die Glasfenster waren schon während des Krieges durch „Notbergungen“ in Sicherheit gebracht worden. Die Instandsetzung der Gebäude sollte nun bis 1979 andauern, in diesem Jahr war mit der Vollendung der Restaurierung des Schlosstheaters die Gebäudestruktur der Schlossanlage weitgehend saniert.

Der Schlosspark hatte natürlich ebenso dramatisch unter den kriegerischen Zeiten gelitten. Der Park war stark verwildert, viele mächtige Bäume wurden der Not gehorchend als Brennholz entnommen. Die Parkstaffagegebäude waren ebenso in einem bedauernswerten Zustand, nicht alle konnten gerettet werden. Vor allem hier hatte es einige kriegsbedingte Totalverluste gegeben. Es gelang aber, den Schlosspark wieder als einen gepflegten Landschaftspark zu erwecken. Innerhalb kürzester Zeit war die Parkanlage wieder ein beliebtes Ausflugsziel.

Als gänzlich neue Einrichtung wurde 1964 das Erholungszentrum in der Münchendorfer Straße auf der Parapluiewiese eröffnet. Geschaffen wurden ein Schwimmbad, ein Restaurant samt Minigolfplatz sowie die 2003 geschlossenen Campingplätze. Mit diesem Erholungszentrum wollte man das touristische Angebot in Laxenburg weiter ausbauen. An dieser Stelle wurde zwar ein Teil der historischen Parkanlage zweckentfremdet, ohne diese Freizeiteinrichtungen wäre der Park aber heute nicht mehr vorstellbar.

Bis heute verwaltet die Schloss Laxenburg Betriebsgesellschaft m. b. H. den ehemaligen kaiserlichen Besitz und kommt damit ihrem Gesellschaftszweck nach. Derzeit arbeiten rund 50 Mitarbeiter*innen an der Instandhaltung und dem weiteren Ausbau der Schlossanlage zu einem Freizeit- und Erholungsgebiet. Viele Hände helfen zusammen, um den Gesellschaftszweck der gemeinnützigen Gesellschaft zu erfüllen:

„Gegenstand des Unternehmens ist die Wiederherstellung, die Erhaltung und der Ausbau des Schlosses Laxenburg einschließlich des dazugehörigen Parkes sowie die Schaffung eines Erholungsgebietes im Bereich Laxenburg, um dadurch eine Förderung der Allgemeinheit auf geistigem, kulturellem und sittlichem Gebiet durch Denkmalpflege, Gesundheitspflege, Pflege des Natur- und Tierschutzes, Heimatpflege und dergleichen herbeizuführen.“

DIE GARTENKÜNSTLERISCHEN BEREICHE DES SCHLOSSPARKS

Der Goldfischteich mit dem Fundament des ehem. chinesischen Pavillons

DAS WESEN EINES LANDSCHAFTSGARTENS

Infolge kriegerischer Auseinandersetzungen, konkret des Dreißigjährigen Krieges und anderer Konflikte, wie etwa der Reformation beziehungsweise der Gegenreformation, begannen die Menschen Europas, die vorhandenen Herrschaftssysteme sowohl auf staatlicher als auch auf kirchlicher Ebene zu hinterfragen. Dieser Prozess ist unter dem Begriff „Zeitalter der Aufklärung" in den Geschichtsbüchern zu finden und setzte etwa um 1650, unmittelbar nach Beendigung des Dreißigjährigen Krieges, ein. Die Bevölkerung der absolutistisch regierten Länder, zu denen damals auch Österreich zählte, begann sich unter der Beibehaltung der Grundtugenden Gott, Tugend und Unsterblichkeit ihres eigenen Verstandes zu bedienen und der Allmacht des Herrschenden zu trotzen. Diese Entwicklung brachte die politische Lage in den vom Absolutismus beherrschten Ländern ins Wanken. Als erstes Land in der Geschichte führte England eine konstitutionelle parlamentarische Monarchie ein, wo die Macht von einem gewählten Parlament ausging. Diese frühe Entwicklung hin zur Demokratie war auch einer der Gründe, warum der Landschaftsgarten als Ausdruck dieser neuen politischen Bewegung in England seinen Ursprung fand. Später änderten sich die Staatsformen der übrigen absolutistisch geführten Staaten, in Frankreich etwa durch die Revolution 1789. In Österreich erfolgte ein politischer Umbruch durch die Aufhebung der Grundherrschaft nach der Revolution von 1848, dann ab den 1860er-Jahren durch eine konstitutionelle (nichtparlamentarische) Monarchie. Es gab jedoch bereits im Jahre 1749 unter Maria Theresia eine Staatsreform, welche den Grundherren damals Einbußen bei der Macht über ihre Untertanen brachte. Somit kann man festhalten, dass der Landschaftsgarten ein Produkt einer anderen Denkweise der Menschen (bzw. der Regierenden) war, denn wer ab der Zeit der zweiten Hälfte des 18. Jahrhunderts einen Landschaftsgarten anlegen ließ, bekannte sich auch zu den Ideen der Aufklärung.

Eine grundlegende Änderung erfuhr damit die europäische und so auch die österreichische Gartenkunst am Ende des 18. Jahrhunderts in Form des englischen Landschaftsgartens, der somit den bis dato etablierten Barockgarten mit seinem streng geometrischen Grundriss und seinen stark geschnittenen Pflanzen ablöste. Aber bereits lange vor diesem Zeitpunkt entwarf der Philosoph Francis Bacon 1625 einen ersten naturbelassenen Garten in seinem Essay „On Gardens", der seiner Sehnsucht nach natürlichen Formen entsprang. Neben dieser damit verbundenen neu entstandenen Natursehnsucht des Menschen beeinflusste ebenso das Zeitalter der Aufklärung

Herbstliche Stimmung Richtung Goldfischteich

Die Wiese am Parkhaupteingang

die Idee des englischen Landschaftsgartens. Die Gesellschaft begann die zur Gewohnheit gewordenen Gartenlandschaften aus Heckenwänden, Parterres und Bosketten abzulehnen und forderte eine Entfesselung der Natur auch in den Gärten. Die Aufklärung, die einsetzende industrielle Revolution, aber auch der beginnende Klassizismus, der sich wieder stärker auf die Kunst der Antike konzentrierte, fanden im Landschaftsgarten ihren Ausdruck. Wichtige Pioniere auf dem Gebiet der Landschaftsgartengestaltung waren William Kent (1685–1748) und Lancelot Brown (1716–1783).

In den neu angelegten Landschaftsgärten fand auch ein reges politisches Leben statt. Vor allem oppositionelle Gruppierungen nutzten bauliche Einrichtungen wie etwa Grotten und Höhlen als Schauplatz geheimer Treffen. Dies war zum Beispiel im Schlossgarten von Schönau an der Triesting der Fall. Diese Gruppen, besser bekannt unter dem Namen „Freimaurer", entstanden ebenfalls ausgehend von England ab dem Jahre 1717. Es waren ausschließlich Männerbünde, die in erster Linie Solidarität und Frieden unter den Menschen forderten. Sie hatten eine straffe, genossenschaftlich geregelte Organisation und verfügten über eine eigene Gerichtsbarkeit. Derartige Vorgänge sind für den Schlosspark Laxenburg allerdings nicht belegt, obwohl man Kaiser Joseph II. Verbindungen zu einigen Logen nachsagte. Er hatte zwar den ersten landschaftlichen Teil in Laxenburg anlegen lassen,

Der Springbrunnen wurde 1979 wiedererrichtet

Zusammenkünfte von Freimaurern in Laxenburg sind jedoch nicht nachgewiesen.

Charakteristisch für den englischen Landschaftsgarten ist das Fehlen jeglicher Symmetrie, wie es im vorausgegangenen Barock der Fall war. Dominiert wird der Garten von weichen, geschwungenen Formen und einer unregelmäßigen, eine „natürliche Landschaft“ imitierenden Geländeform. Das Wegesystem eines englischen Landschaftsgartens wird von geschwungen angelegten Wegen geprägt, welche die inszenierte Landschaft erschließen. Wichtige Elemente sind nach natürlichem Vorbild geformte Teiche, Inseln, Wasserläufe, Grotten, Wiesen – mit oder ohne Baumgruppen – und waldähnliche Bereiche. Ganz nach dieser Beschreibung wurde einst auch der Schlosspark von Laxenburg angelegt. An ihm lassen sich sehr gut die Rundungen der Wege sowie das Wechselspiel von Wiesen mit Baumgruppen und Waldstücken erkennen. Ebenso typisch ist die Verwendung von vielen unterschiedlichen Gehölzen, so fanden auch viele Exoten den Weg nach Laxenburg.

Doch auch der Klassizismus hat Spuren im englischen Landschaftsgarten hinterlassen, vor allem im Garten des 19. Jahrhunderts. Oftmals sind Lusthäuser oder Pavillons, etwa in den Stilen der Gotik, ebenso vorhanden wie Tempel nach dem Vorbild der griechischen Antike. In Laxenburg wurde der

Klassizismus auf die Spitze erhoben. Mit der Franzensburg wurde eines der wichtigsten Gebäude dieser Stilrichtung in Österreich geschaffen.

Trotz der fortschreitenden Aufklärung und der Etablierung des Landschaftsgartens entstanden auch im 19. Jahrhundert geometrische Gärten. Bekannte und realisierte Beispiele sind der Maria-Theresien-Park zwischen dem Kunsthistorischen und dem Naturhistorischen Museum sowie der Garten mit dem Denkmal der Kaiserin Elisabeth zu Beginn des 20. Jahrhunderts in Wien. Die Errichtung von Landschaftsgärten bedeutete schließlich auch, dass sich der Planer beziehungsweise Besitzer mit den Gedanken der Aufklärung auseinandergesetzt hatte. Die Habsburger ließen, möglicherweise aus Furcht vor Revolutionen in der Hauptstadt, nur außerhalb Wiens, wie in Laxenburg, solche Gartenanlagen erbauen.

Charakteristisch für den Landschaftsgarten ist ebenso der Rundweg, in englischer Fachsprache „Belt Walk“ genannt. Ein solcher Belt Walk ist vor allem in Landschaftsgärten zu finden. Dieser verläuft um den gesamten Garten und soll seine Besucher*innen zu den sogenannten „Points of View“, das sind Aussichtspunkte auf besondere Gestaltungselemente, Baulichkeiten wie Grotten oder das Hauptgebäude selbst, führen.

Abschließend sei noch festgehalten, dass es sich auch beim Landschaftsgarten um eine vom Menschen geschaffene und inszenierte Gartengestaltung handelt. Hier ist nichts dem Zufall überlassen, die landschaftliche Gestaltung wird hier zur Perfektion erhoben. Wie in einem Barockgarten wird man in jedem Landschaftsgarten auch Sichtachsen, wie zum Beispiel zu einem dominierenden Gebäude oder dem Herrschaftssitz, finden. Im gleichen Maße sollen sowohl die geometrische als auch die landschaftliche Gestaltung in erster Linie der Repräsentanz dienen. Der Landschaftsgarten soll genau wie alle anderen Arten der Gartengestaltung seine*n Betrachter*in beeindrucken und in ihr*ihm ein gewisses Maß an Bewunderung hervorlocken.

DER PARKHAUPTEINGANG

Wohl kaum eine Fläche wurde derart oft umgestaltet wie der Parkhaupteingang. Die unregelmäßig geformten Flächen, die zwischen dem Blauen Hof, dem Alten Schloss und dem abgegangenen Ulfeldhaus gelegen waren, hatten die Gestaltungsmöglichkeiten immer stark beeinflusst. Gerade dieser

Der Parkhaupteingang mit Springbrunnen, rechts das Schlosstheater von 1753

Bereich als „Eintrittspforte“ in die Parkanlage war und ist für den*die ankommende*n Besucher*in aber von ganz wesentlicher Bedeutung. Das Ankommen und die erste Kontaktaufnahme können für viele Menschen entscheidend für den Verlauf des weiteren Besuchs sein.

Die ursprünglich konzipierte Eingangssituation stellt sich im historischen Kontext etwas schwieriger dar, als vielleicht heute angenommen. Diese beginnt eigentlich schon beim Schlossplatz, wenn man den Ehrenhof des Neuen Schlosses in Richtung Schlosspark durchschreitet. Dieser Ehrenhof wird zur Linken vom Küchentrakt, zur Rechten vom Schüsseltrakt gebildet. Diese Fläche ist derzeit vorwiegend als Parkplatz in Verwendung. Nachdem man diesen Ehrenhof passiert hat, öffnet sich die Weite der Parkanlage und man wird regelrecht in das kaiserliche Gartenparadies hineingezogen. In weiterer Folge passiert man durch die Allee vom Schloss ausgehend die Kaiser-Franz-Brücke, ursprünglich der Eingang für das Kaiserhaus, oder die Löwenbrücke, die vorwiegend als Volkseingang genutzt wurde. So kurz und knapp beschrieben stellt sich die Konzeption des Eingangsbereiches bis heute dar. Aus gärtnerischer Sicht lag aber die Tücke immer im Detail, allein die schrägen Stellungen von Ulfeldhaus und Altem Schloss boten viele gestalterische Möglichkeiten.

Vielleicht gerade deswegen gab es nämlich immer wieder Änderungen in diesem Bereich, natürlich auch dem Wechsel von der barocken Gartenidee zur landschaftlichen Gestaltung geschuldet. Die Flächen nach der Situation des Ehrenhofes waren im Ursprung ähnlich einem Boskett gestaltet, also einem baumbestandenen Bereich eines geometrischen Gartens. Vom Springbrunnen aus bildeten ab etwa 1760 zahlreiche Bäume einen halbkreisförmigen Fächer aus geradlinigen Baumreihen, die nun eine Vielzahl an Möglichkeiten, den Park zu betreten, boten. Der ab den 1770er-Jahren zugeschüttete Wassergraben des Alten Schlosses wurde in Form von Rasenparterres ausgestaltet, die sich allerdings oftmals im Erscheinungsbild wandelten.

Im Zuge der landschaftlichen Umgestaltung entfernte man wieder diese Baumreihen, auf den Plänen ab dem Jahre 1845 ist schon die landschaftliche Gestaltung mit Baumgruppen überliefert. Die im Barock entstandene halbkreisförmige Situation wurde aber in der landschaftlichen Gestaltung übernommen, aufgrund der nun unregelmäßigen Bepflanzung trat die Erkennbarkeit dieser geometrischen Form im Gelände deutlich in den Hintergrund.

Bei der Generalsanierung der Schlossanlage in den späten 1970er-Jahren wurde der Parkhaupteingang letztmalig neugestaltet. Die Fläche zwischen Kaserne und Schlosstheater wurde, dem damaligen Geschmack folgend, mit Granitpflaster befestigt und durch eine formale Hecke begrenzt. Die große halbkreisförmige Situation rund um den Springbrunnen wurde als reine Wiesenfläche begrünt und das Wegesystem dementsprechend adaptiert. Damit verfremdete man, dem damaligen Zeitgeist geschuldet, die gestalterischen Ideen des Eingangs sehr stark. Im Zuge der denkmalgerechten Instandhaltung des Schlossparks ist es geplant, die ursprüngliche landschaftliche Konzeption von etwa 1850 wiederherzustellen.

DER KLEINE LANDSCHAFTSGARTEN

Dieser Teilbereich wird durch die nördlichen Grenzen des Schlossparks, den Blauen Hof, die Alte Schwechat sowie den Parkhaupteingang begrenzt. Bei den Erweiterungen unter Kaiser Joseph II. gab es auch hier die ersten landschaftlichen Partien im Schlosspark. Die geometrischen Gärten im Nahbereich des Blauen Hofes wurden zwar noch beibehalten, die angrenzende „Hannawiese" wurde 1782 durch Isidore Canevale bereits landschaftlich gestaltet. Damit gab es noch für einige Jahre eine Koexistenz des barocken Waderlgartens, der sich vor dem Speisesaaltrakt befand, sowie der weiteren

Die mächtige Platanengruppe hinter dem Blauen Hof

geometrisch gestalteten Bereiche an der Nordostfassade des Schlosses. In den Jahren 1806 und 1807 entfernte man auch die geometrischen Teile zur Gänze und integrierte diese in das Konzept des Landschaftsgartens.

Wieder einmal kam auch der romantische Gedanke nicht zur kurz, auf einem der Hügel wurde später eine Einsiedelei geschaffen. In einer relativ einfachen Hütte war die hölzerne Figur eines Eremiten zu bewundern. Die Figur befindet sich heute in der Franzensburg.

Trotz aller Wandlung hat ein strenges geometrisches Element auch hier bis heute überdauert, die Allee vom Schloss bis zur Kaiser-Franz-Büste. Diese Allee trennt den Parkhaupteingang vom kleinen Landschaftsgarten und war

einst der Zugang für die kaiserliche Familie in die Parkanlage. 2015 neu bepflanzt kann die Allee heute von allen Besucher*innen benutzt werden.

Der kleine Landschaftsgarten stellt heute eine der ruhigen und verträumten Ecken der riesigen Parkanlage dar. Mächtige Baumgruppen aus Platanen, der weite Raum der Blauer-Hof-Wiese und eine Kombination aus Kies- und Wiesenwegen lassen hier malerische Landschaftsräume entstehen. Abseits der stark besuchten Orte des Schlossparks findet man hier die notwendige Ruhe, um mit dem Garten interagieren zu können.

Oben: Die Platanengruppe Blickrichtung Blauer Hof

DER WALDSTERN UND DIE ALLEESTERNWIESE

An dieser Stelle hat der größte Teil der barocken Gartenanlagen bis in unsere Zeit überlebt. Der Lieblingsort von Maria Theresia, das Grüne Lusthaus, hat die landschaftliche Umgestaltung nahezu spurlos überstanden. Man kann nur mutmaßen, warum dies der Fall ist, aber die immer wieder mangelhafte Finanzausstattung des Kaiserhauses wird wohl einer der Hauptgründe gewesen sein.

Ausgehend vom Palamaygang, den es vermutlich seit der Zeit von Kaiser Leopold I. gibt, wurden durch parallele Verschiebungen zwei weitere Achsen geschaffen. Dies waren ein Sichtbezug vom Grünen Lusthaus zum Münchendorfer Lusthaus, das im Zuge späterer Umgestaltungen abgegangen ist. Heute fällt der Blick auf den 1795 errichteten Concordiatempel. Die zweite damals neu geschaffene Achse war der Sichtbezug zwischen der Laxenburger Kirche und der Münchendorfer Kirche. Innerhalb dieser drei Achsen kam nun der Waldstern zu liegen, 1764 entstand das Grüne Lusthaus als geometrisches Zentrum.

Der Waldstern wurde im Ursprung als Jagdgarten angelegt, die Jägerschaft konnte das Grüne Lusthaus als Unterstand verwenden. In den acht sternförmigen Achsen konnte das Wild beobachtet und natürlich auch erlegt werden. In den historischen Quellen wird der Pavillon immer als Dianatempel bezeichnet, durch das Deckenfresko von Vinzenz Fischer im Inneren wurde er auch dieser römischen Göttin gewidmet. Gegen Ende des 19. und Anfang des 20. Jahrhunderts hat sich allmählich der Name „Grünes Lusthaus“ durchgesetzt.

Natürlich durfte auch die Gartenarchitektur nicht zu kurz kommen, sowohl innerhalb als auch außerhalb des Schlossparks wurden die acht Achsen des Waldsterns auf markante Geländepunkte gelenkt. Berühmt war etwa der Blick auf die Kirche St. Othmar in Mödling. Die acht Hauptachsen blieben über die Jahrhunderte unverändert, die kleinen Verbindungswege dazwischen wurden mehrmals verändert. Auch heute noch kann man durch den Waldstern lustwandeln und dabei die im Schlosspark heimischen Wildarten beobachten. Mit diesem Gartenbereich hat sich auch in Laxenburg ein Stück der barocken Vorstellung einer Gartengestaltung erhalten und ist bis heute ein beliebter Treffpunkt geblieben. Mit Hochzeiten, Konzerten und kleinen Feierlichkeiten kommt dem Ort noch immer die gleiche Bedeutung wie unter Maria Theresia zu.

Die Platane auf der Alleesternwiese

Zwischen dem Waldstern, der hier das Naturwerk repräsentieren sollte, und dem Forstmeisterkanal kam der Alleestern als Repräsentant des architektonischen Werks dazu. Mit streng geschnittenen Alleen erfüllte er damals alle Prinzipien der Gartenkunst des 18. Jahrhunderts. In der ersten Hälfte des 19. Jahrhunderts wurde der Alleestern zur Gänze landschaftlich umgestaltet, die weite Wiesenfläche trägt auch heute noch seinen Namen. Auf dieser Wiesenfläche beeindruckt eine der mächtigsten Platanen der Parkanlage.

DER REIHERSTAND

In Laxenburg war, neben der gartenkünstlerischen Komponente, auch die Jagd von wesentlicher Bedeutung. Seit dem Ankauf durch die Familie Habsburg war die jagdliche Tätigkeit ein Fixpunkt im jährlichen Ablauf der kaiserlichen Familie. Zahlreiche Flurnamen in und rund um die Parkanlage erinnern heute noch daran, so auch der sogenannte „Reiherstand". Dieser relativ naturnah belassene Bereich zwischen Alter Schwechat und Rittergau war eigentlich lange Zeit von einer intensiveren Gestaltung ausgenommen, wie der Name schon beinhaltet diente er dem Unterstand einer Reiher-

kolonie. Gejagt wurde im Reiherstand mittels der Falknerei, die in Laxenburg einst mit einem sehr großen Aufwand betrieben und in den späten 1770er-Jahren durch Kaiserin Maria Theresia aufgrund der hohen Kosten wieder aufgegeben wurde.

Anfang des 19. Jahrhunderts kommt auch hier eine Gestaltung zu tragen, die aber sehr unauffällig umgesetzt wurde. Der Baumbestand wurde durch edlere Gehölze aufgewertet und die Fläche durch ein sanft mäandrierendes Wegenetz erschlossen. 1836 wurde die Kolossalbüste von Kaiser Franz I. am Ende der Allee aufgestellt, die vom Schloss in den Park führt.

Dieser Parkbereich versprüht immer noch seinen natürlichen Charakter, die weichen Wiesenwege durch den oft mächtigen Baumbestand vermitteln ein angenehmes Gefühl der Naturverbundenheit. Der Reiherstand gehört zu den ruhigeren Flächen des Schlossparks, hier lassen sich ideal die Fauna und Flora des Parks erkunden. Bei der Kaiser-Franz-Büste haben sich eine Reihe von Zürgelbäumen erhalten, ein knorriger Trompetenbaum entstammt

Oben: Die Platane der Alleesternwiese, rechts angrenzend der Waldstern

noch der ursprünglichen Bepflanzung. In den letzten Jahren sind wichtige Baumarten wieder ergänzt worden, eine seltene gelb blühende Rosskastanie sowie einige Geweihbäume unterstreichen hier den Wunsch nach exotischen Gehölzen. Im Bestand selbst können mächtige Eschen, Eichen und Platanen entdeckt werden, die bunte Strauch- und Krautschicht zeigt ein Potpourri der heimischen Pflanzen. Hartriegel, Pimpernuss, Pfeifenstrauch und Holunder sorgen im Frühjahr für ein duftendes Blütenerlebnis und sind gleichzeitig eine wichtige Nahrungsquelle.

In der zweiten Hälfte des 20. Jahrhunderts ist am Rande des Reiherstands der rund 6.000 m^2 große Kinderspielplatz entstanden. Zeitgenössische Elemente, die Bedürfnisse der heutigen Zeit befriedigen sollen, können in historischen Gärten eine große Herausforderung sein. Der Garten soll in seiner künstlerischen Gesamtheit nicht gestört werden, trotzdem soll es für die heutigen Benutzer*innen neue Möglichkeiten geben. Hier sollte man in der Gartendenkmalpflege zu Kompromissen bereit sein, der Garten sollte nicht zu einem unantastbaren Museumsstück eingefroren werden. Durch die Kompromissbereitschaft erfreuen sich hier nun Kinder aller Altersklassen an einer bunten Mischung an Spielgeräten. Der natürlich wirkende angrenzende Parkteil ermöglicht zudem eine Kontaktaufnahme mit der Naturausstattung des Schlossparks, im dicht besiedelten urbanen Raum eine ganz wesentliche Notwendigkeit.

Linke Seite: Die Kaiser-Franz-Büste, ein Geschenk der Stadt Mailand
Oben: Am Spielplatz

DER KAROLINENHAIN UND DER PRATER

Der Karolinenhain und der Prater bilden den südwestlichen Bereich des Schlossparks ab dem Palamaygang und gehen zurück auf die josephinischen Erweiterungen unter Kaiser Joseph II. In den Jahren 1782 bzw. 1783 entstanden, lebt dieser Bereich von weiten Wiesenräumen und mächtigen Baumgruppen. Neben heimischen Gehölzen wurden hier ebenso exotische Gehölze angepflanzt, Lederhülsenbäume oder etwa Tulpenbäume ergaben mit heimischen Baumarten eine bunte Mischung, die vor allem bei der Blattverfärbung im Herbst deutlich sichtbar wurde und wird. Bis zur Mitte des 19. Jahrhunderts ist dieser Bereich immer wieder ergänzt und gestalterisch adaptiert worden, das Spiel aus Wiesenraum, Solitärbäumen und Baumgruppen ist aber immer im Vordergrund gestanden.

Der Bereich beeindruckt bis heute mit dieser landschaftlichen Konzeption. Die sanft geschwungenen Wege erschließen die Baumgruppen und Wiesenräume. Besonders beliebt sind hier die Ausblicke in Richtung Wienerwald, die den Schlosspark umgebende Landschaft wurde auch hier in das Parkerlebnis mit eingebunden. Die Bautätigkeit außerhalb des Schlossparks hat zwar den Blick auf viele Blickfänge unterbunden, trotzdem gibt es auch heute noch Blickbeziehungen in Richtung Anninger, Eichkogel und Mödling. Bei Schönwetter fällt auch immer wieder der Schneeberg in das Blickfeld, der höchste Berg Niederösterreichs ist von zahlreichen Punkten der Parkanlage immer wieder zu entdecken. Mächtige Eichen, Tulpenbäume und Linden bilden den hainartigen Bereich, inmitten der Wiesenflächen können Weißdorn und Lederhülsenbäume entdeckt werden.

Zwischen Palamaygang und Münchendorfer Straße gelegen befand sich tatsächlich einst ein kleiner Vergnügungspark, der dem Prater in Wien durchaus entsprochen hat. Lusthäuser, Buden und Fahrgeschäfte sorgten hier für kurze Weile, eine weitere „Schwimmschule", später „Kaiserbad" genannt, für sommerliche Erfrischung. Heute dominiert in diesem Bereich eine reiche Naturausstattung.

Um das touristische Angebot innerhalb der Schlossanlage zu stärken, wurde der Teil des Schlossparks zwischen Laxenburger Kanal und Münchendorfer Straße zu einem Erholungszentrum ausgebaut. Das Waldbad sowie das Restaurant „Flieger & Flieger" mit seiner großen Terrasse und dem Minigolfplatz können über die Karolinenbrücke durch den Schlosspark oder von der Münchendorfer Straße aus erreicht werden. Die südwärts angrenzende Wiesenfläche steht heute für Veranstaltungen unterschiedlicher Art zur Verfügung, vom Zirkus angefangen über internationale Pfadfinderlager.

DIE ROMANTISCHE TEICHLANDSCHAFT

Wasser ist in der Gartengestaltung seit jeher von großer Bedeutung gewesen. Nicht nur die beruhigende und ästhetische Funktion ist ganz wesentlich, sondern auch der praktische Nutzen darf dabei nicht außer Acht gelassen werden. Wasser war natürlich auch für die Bewässerung von großer Bedeutung, vor allem in der Entstehungsphase des Schlossparks. Wo heute

Am großen Schlossteich

Blick über den Schlossteich bei der Marianneninsel

Knorrige alte Trauerweiden am Schlossteich

eine Vielzahl an technischen Hilfsmitteln bereitsteht, waren am Beginn des 19. Jahrhunderts Kannen, Kübel und Fässer der Stand der Dinge.

Die Schlossanlage Laxenburg hat eine besonders großzügige Teichlandschaft erhalten, der endlos wirkende Schlossteich begeistert schon seit Generationen. Im Schlossteich wurden insgesamt sieben Inseln angelegt, die vorwiegend eine gestalterische Funktion erfüllen. Mit der Ausgestaltung der Inseln konnte man auch die enormen Mengen an Aushubmaterial sinnstiftend wiederverwenden.

Direkt neben dem Bootsverleih befindet sich die kleinste der Inseln, die sogenannte Geflügelinsel. In erster Linie ist an dieser Stelle ein Lebensraum für das ansässige Federwild geschaffen worden. Der Bewuchs aus Blütensträuchern und kleineren Bäumen ergibt einen schönen Farbtupfen zu jeder Jahreszeit. Hinter der Geflügelinsel ist der Ablauf des Meiereibachs, der über den Taubenschlag zur Alten Schwechat fließt.

Zwischen Grotte und Franzensburg kam die Schwaneninsel zu liegen, sie stellt das Bindeglied zwischen der felsigen Landschaft der Grottenanlage und der kunstvoll gestalteten Franzensburg dar. Mächtige Schwarzkiefern und Eichen lassen eine Zugehörigkeit zum Rittergau erkennen, der sich hier vom Turnierplatz über den Teich bis zu Rittersäule und Rittergruft erstreckt.

Die Verbindungsinsel stellt mit der eisernen und steinernen Brücke nicht nur die Verbindung zur Franzensburg her, sondern in der Vorstellung der romantischen Gartenkunst auch die Verbindung vom Diesseits ins Jenseits. Über die eiserne Brücke verlässt man das Diesseits in eine Zwischenwelt, die dank der mächtigen Platanen, Hängebuchen und spanischen Tannen sehr üppig ausgefallen ist. Über die steinerne Brücke gelangt man zum Museum der großen Ahnen der Habsburger, also in die jenseitige Welt. Der große Vorteil im romantischen Gedanken des Landschaftsgartens zu Laxenburg liegt darin, dass man von der jenseitigen wieder in die diesseitige Welt gelangen kann.

Die Pappelinsel, die ursprünglich über eine Brücke ebenso über die Verbindungsinsel erreichbar war, war einst ein weiter Wiesenraum mit einzelnen Baumgruppen. Mittlerweile ist die Insel zu Gänze bewaldet und hat sich zu einem Rückzugsraum für die Fauna und Flora des Schlossteichs entwickelt. Hier kann man vor allem die faszinierende Vogelwelt des Schlossparks beobachten, am besten mit einem Boot des Bootsverleihs. Enten, Reiher und

Schwäne dominieren das Geschehen, aber auch schon sehr seltene Vögel wie der Eisvogel können hier gesichtet werden.

Weiter im Nordosten kam die Reiherinsel zu liegen, auch hier wieder, neben der ästhetischen Funktion, ein Rückzugsort für das Federwild. Den Abschluss der Teichanlage bildet die Marianneninsel mit dem derzeit ruinösen Pavillon, an anderer Stelle in diesem Buch beschrieben. Mit dieser Insel, die 1841 von Kaiser Ferdinand noch in Auftrag gegeben wurde, war die romantische Teichlandschaft nunmehr vollendet.

Ein weiteres Detail am Schlossteich soll auch nicht unerwähnt bleiben: Folgt man dem Wiesenweg entlang des Teichufers vom Stapelplatz zur gotischen Brücke, überschreitet man fast unbemerkt einen kleinen Hügel, der von Säulenpappeln umgeben ist. Dieser Hügel hat den Namen Rousseauhügel erhalten, nach den großen Philosophen Jean-Jacques Rousseau. An dieser Stelle wurde dessen Grablege im Schlosspark von Ermenonville imitiert, ein Zeichen dafür, dass auch ein Haus Habsburg gewisse Zeichen der Zeit erkannt hat. Rousseau galt schon zu seinen Lebzeiten als Visionär und bahnbrechender Philosoph. Mit diesem Gestaltungselement wollte man aufzeigen, dass dessen Ideen zumindest das Interesse des Herrscherhauses geweckt hatten.

DER GOLDFISCHTEICH UND DIE ROMANTISCHE GEBIRGSLANDSCHAFT

Asiatische Bereiche waren und sind beliebte Elemente in der Gartengestaltung. Die „China-Mode“ kam in mehreren Wellen nach Europa, auch hier betrachtete man das weit entfernte Land mit einem teils verklärten Blick. In China sah man ein freisinniges Land, dementsprechend waren Elemente im fernöstlichen Stil sehr beliebt. Unbestritten ist natürlich das künstlerische Schaffenswerk aus dem Reich der Mitte, das die Menschen in Europa faszinierte. Laxenburg war hier keine Ausnahme. Neben „chinesischen Zimmern“ im Neuen Schloss, heute leider nicht mehr erhalten, bekam auch der Schlosspark sein fernöstliches Element.

Der Goldfischteich entspricht nun den bereits erwähnten Gedanken und geht auf die Zeit um 1800 zurück. Heute noch erkennbar sind die Reste der chinesischen Brücke, mit der man einst den Teich queren konnte. Über zwei Brücken erreichte man ein chinesisches Lusthaus, das sich auf dem steinernen Fundament inmitten des Teichs befand. Von diesem Lusthaus konnte

Oben: Der Goldfischteich mit der 3. Form des chinesischen Pavillons. Kolorierter Stich von Joseph Ignaz Gurk (1773–1835) und Eduard Gurk (1801–1841), um 1825. Sammlung WIEN MUSEUM.

Unten: Der Goldfischteich heute

man aus leicht erhöhter Position sowohl den Teich als auch die umgebende Landschaft genießen. Überliefert ist auch ein Drachenboot, das auf diesem Gewässer für kaiserliche Zerstreuung sorgen durfte.

Die Felsenbrücke bei der romantischen Gebirgslandschaft

Das vom Architekten Johann Ferdinand Hetzendorf von Hohenberg entworfene Lusthaus erfreute aber seine Betrachter*innen nicht sehr lange, insgesamt wurde der Pavillon vier Mal erneuert. Pflege und Instandsetzung

Die Gebirgslandschaft mit dem Einlauf zur großen Felsenkaskade

galten als sehr aufwendig, zuletzt waren nur die beiden Brücken und eine sehr schlichte Form des Pavillons erhalten. Dieser Umstand zeigt aber sehr schön, dass die Erhaltung von Anlagen wie hier in Laxenburg immer schon eine große Aufgabe gewesen ist.

Die Bepflanzung rund um den Goldfischteich sollte ebenso die Illusion eines asiatischen Gartens erwecken. Mächtige Blutbuchen, Tulpenbäume und blühende Wildobstbäume verleihen diesem Gartenraum die notwendige Ausstattung, ebenso die Teich- und Seerosen im Gewässer selbst. Eine etwas seltsam wirkende halbkreisförmige Anpflanzung von Thujen erinnert an den sogenannten „schwedischen Pavillon", der einst von diesen Thujen umgeben war. Der Pavillon war auf dem norwegischen Stand der Wiener Weltausstellung 1873 zu bewundern und wurde anschließend in den Schlosspark versetzt. Im Zweiten Weltkrieg geriet dieser Pavillon in Verlust, die Bepflanzung blieb erhalten.

An den Goldfischteich angrenzend befindet sich die romantische Gebirgslandschaft des Schlossparks. In historischen Quellen liest man von schroffen Felsen und tosenden Wassermassen, was nur bedingt der Realität entsprochen haben dürfte. Nahe der Fischerdörflbrücke zweigt nicht nur der Zufluss zum Goldfischteich ab, sondern auch ein weiterer Seitenarm zur

Die große Felsenkaskade

Speisung des großen Schlossteichs. Über die romantische Gebirgslandschaft der großen Felsenkaskade stürzt das Wasser in einen Wasserlauf, der zwischen Forstmeisterkanal und Goldfischteich dem Schlossteich entgegenstrebt. Im Bereich der gotischen Brücke erfolgt über die kleine Felsenkaskade die Vereinigung mit dem Schlossteich. Natürlich darf man kein hochalpines Erlebnis erwarten, aber damit wurde auch an dieser Stelle dem romantischen Garten entsprochen. Die Ausgestaltung dieser Elemente ohne schwere Maschinen war zur damaligen Zeit ebenso eine kleine Meisterleistung. Nahe der großen Felsenkaskade lag ein „Hameau", das „Fischerdörfl". Kunstvoll ausgestattete Strohhütten bildeten ein kleines Dörfchen, wo die kaiserliche Familie dem Fischerhandwerk nachgehen konnte. Die Fischerdörflbrücke trägt heute noch dessen Namen.

DER LANDSCHAFTSGARTEN SÜDLICH DES FORSTMEISTERKANALS

Diese Flächen kamen bereits unter Kaiser Joseph II. in kaiserlichen Besitz und bildeten unter anderem eine große keilförmige Erweiterung im südöstlich gelegenen Parkteil. Im Norden wird dieser Teil des Schlossparks durch den Forstmeisterkanal, im Süden durch den Grenzgraben begrenzt. Die Erstgestaltung geht vermutlich ebenso auf Isidore Canevale zurück und ist um 1782 entstanden. Von Anfang an war hier eine landschaftliche Gestaltung vorgesehen, weite Wiesenräume und mächtige Baumgruppen wurden durch ein filigranes Wegesystem erschlossen. Die am Laxenburger Kirchturm ihren Ursprung findende Münchendorfer Achse fand aber als geradliniges Element auch in diesem Bereich ihre Fortsetzung.

Architektonisches Prunkstück in diesem Gartenteil ist der Concordiatempel, der von Kaiser Franz und seiner zweiten Gattin, Maria Theresia von Neapel-Sizilien, 1795 in Auftrag gegeben wurde. Den Aufstellungsort erwählte man ebenso noch nach streng geometrischen Prinzipien, der Tempel kam an der Spitze eines gleichseitigen Dreiecks zu liegen, das durch die gleichen Distanzen zur Forstmeisterbrücke und Fischerdörflbrücke am Forstmeisterkanal gebildet wird. Trotz der landschaftlichen Gestaltung griff man immer wieder auf ein streng geometrisches Grundgerüst zurück.

Im Laufe des 19. Jahrhunderts hat sich das Wegesystem mehrmals geändert, der wesentliche Charakter als weitläufiger landschaftlicher Raum blieb aber immer vorherrschend. Im 20. Jahrhundert ist zwar durch die Ausbreitung der Gehölzflächen die ursprüngliche Gestaltung etwas verwaschen worden, trotzdem hat sich hier ein ruhiger und inspirierender Gartenbereich erhalten. Das Licht- und Schattenspiel entlang der Wege durch die landschaftlichen Räume bietet bis heute eine erholsame Abwechslung zum Alltag.

Im Nahbereich der Kaskadenbrücke des Forstmeisterkanals erhebt sich ein weißes Tor, das scheinbar funktionslos in der Parklandschaft zu stehen gekommen ist. Durch dieses Tor konnte man einst die Baumschule des Schlossparks betreten, nahezu alle Gehölze des Schlossparks wurden an dieser Stelle gezogen. Diese Baumschule, die nach 1945 aufgegeben wurde, war weit über die Grenzen von Laxenburg hinaus bekannt. So bezog etwa die Pfarre Mauer bei Wien, heute Wien 23, ihre Kirchenlinde aus dieser Baumschule. Heute erinnern im Dickicht noch einige verschulte Reihen an die gärtnerische Einheit, auch dieser Bereich ist nun ein bedeutender Rückzugsort für die Wildtiere der Parkanlage.

Vor diesem weißen Tor befand sich einst das Kaffeehaus am Wasserfall, im Zweiten Weltkrieg leider zerstört. Das Anfang des Jahrtausends rekonstruierte Wachhaus wird heute als Lager verwendet.

Das Einfahrtstor in die ehemalige Baumschule

DER EICHENHAIN

In diesem Bereich kommt der Hain als Gestaltungselement zum Tragen. Mächtige Eichen, solitär und in Gruppen angepflanzt, geben diesem Teil des Schlossparks ein spannendes Licht- und Schattenspiel. Die Hauptattraktion war einst das „Haus der Laune“, ein Architekturkuriosum sondergleichen und an anderer Stelle in diesem Buch beschrieben.

Die hellen Wiesenräume mit den knorrigen Baumgruppen ergeben einen heiteren Übergang zum Rittergau, der sich an diesen Gartenteil anschließt. Der Wasserlauf, der neben dem Haus der Laune die Landschaft durchzieht, sorgt mit dem Element Wasser für eine belebende Funktion. Rund um die im Jahre 2019 gesicherte Ruine vom „Haus der Laune“ haben sich besonders viele Altbäume erhalten. Der mächtigste Baum ist eine Platane neben der Eichenhainbrücke. Diese Brücke stellt die Verbindung zum kleinen Landschaftsgarten her.

DER RITTERGAU

Die romantische Verehrung des Mittelalters im Schlosspark findet hier seinen gartenarchitektonischen Höhepunkt. Die Gartenteile rund um die Grotte, den Turnierplatz, die Rittersäule, die Rittergruft sowie die Franzensburg bekamen die Neogotik als vorherrschendes Thema. Besonders diese landschaftlich gestalteten Räume vermitteln einmal mehr die Sehnsucht nach der „großen alten Zeit“ im 19. Jahrhundert, hier soll feierlich dem Ursprung der kaiserlichen Familie gehuldigt werden.

Um eine würdevolle und respektvolle Umgebung zu schaffen, wurden in diesem Parkteil viele Koniferen angepflanzt. Das dunkle Nadelkleid der Eiben, die geradlinigen Stämme der Schwarzkiefern, ergänzt mit fremdländischen Nadelhölzern, sollen vorrangig diesen gewünschten feierlichen Charakter bei dem*der Betrachter*in erzeugen. Durch die Wahl der immergrünen Gehölze wurde auch das Immerwährende und Ewige zum Ausdruck gebracht. Ein Österreich ohne Habsburger war damals nicht vorstellbar, diesen Gedanken wollte man auch in der Gartenkunst widerspiegeln.

Rund um die Rittersäule befindet sich bis heute ein dunkler Eibenbestand, der von teils mächtigen Eichen und Schwarzkiefern überdeckt wird. Die leichte Geländemodellierung mit sogenannten Schönheitshügeln kommt einer willkommenen Abwechslung zu restlichem ebenem Terrain zugute, hatte aber auch einen nützlichen Zweck. Der gewaltige Erdaushub vom großen Schlossteich, der ebenso für die sieben Inseln im Schlossteich Verwendung fand, konnte so geschickt in die Gartengestaltung integriert werden.

Die gotische Brücke sowie die Grotte wurden ebenso mit einer reichen Koniferenausstattung versehen, die sich einst bis zum Turnierplatz erstreckt hatte. Hier findet man neben Eibe und Schwarzkiefer auch zahlreiche fremdländische Baumarten. Lebensbäume, Atlaszedern, Tränenkiefer, Syrischer Wacholder, Orientalische Fichte und Wehrauchzedern ergänzen in Harmonie die heimischen Gehölze. Besonders in der kleinen Senke neben der Grotte, dem Sophiental, ist bis heute eine Vielzahl dieser Baumarten vertreten.

Die immergrüne Bepflanzung zog man bis auf die Schwaneninsel und die Insel der Franzensburg weiter. Direkt neben der Burg befindet sich ein lichtes Kiefernwäldchen, das mit einem weiten Blick über den Schlossteich zum Verweilen am Schlossteich einlädt. Ursprünglich war der Bereich rund um die Franzensburg jedoch als wehrhafter Gartenteil mit Wällen und Bastio-

nen angelegt worden. Die Wuchtigkeit dieser Gestaltung war dem Kaiser offenbar aber doch zu gegensätzlich, seit 1811 präsentiert sich die Umgebung der Franzensburg entsprechend der Vorstellung eines romantischen Landschaftsgartens in deutlich sanfterer Form.

Der Rittergau hat auch ein etwas heiteres Element erhalten, der Taubenschlag als letzter Rest der ehemaligen Meierei stand einst im Innenhof eines Bauernhofs. Dieser Bauernhof, die Meierei oder auch Gartenmeierei, wurde wieder nach den Vorstellungen von Kaiser Franz I. errichtet. Wie beim Fischerdörfl nahe dem Forstmeisterkanal frönte man auch hier der Sehn-

sucht nach ländlichem Leben. Mehrere Ställe sowie ein Schweizerhaus samt Nutz- und Obstgärten boten der kaiserlichen Familie Zerstreuung und natürlich auch eine Aufbesserung der Küche. Der Taubenschlag steht nun auf einer hellen Wiesenfläche, die im Gegensatz zum restlichen Rittergau einen sehr heiteren Eindruck verbreitet. Die landschaftliche Gestaltung mit Solitärbäumen und Baumgruppen zieht sich in ebenso heiterer Form bis zur Rittergruft.

Oben: Einer der vielen sonnendurchfluteten Wiesenräume

DIE PARKSTAFFAGEGEBÄUDE IM SCHLOSSPARK

Das Grüne Lusthaus oder Dianatempel

Die einzelnen Bereiche des Schlossparks haben unterschiedliche Parkgebäude erhalten, sogenannte Staffagegebäude. Wie in allen Gartenanlagen bilden diese Gebäude mit der gartenkünstlerischen Komposition eine Einheit. Man kann diese also nicht losgelöst von der gärtnerischen Gestaltung betrachten und umgekehrt. Erst durch dieses Zusammenspiel kann die volle Gestaltungsidee zu wirken beginnen.

DAS GRÜNE LUSTHAUS

Das Grüne Lusthaus entstand um 1764 und bildete das geometrische Zentrum des sogenannten Waldsterns, der neben den ästhetischen Ansprüchen auch die Funktion eines Jagdgartens erfüllte. Als hölzerner Treillagepavillon ausgeführt, erhielt der Tempel ursprünglich die Bezeichnung Dianatempel – nach der römischen Göttin der Jagd. Dieses luftig-leichte barocke Gartengebäude war einer der Lieblingsorte von Kaiserin Maria Theresia, die sich hier oftmals zum Kartenspiel einfand.

Von der Konzeption aus betrachtet, spiegelt sich hier die lange Tradition der jagdlichen Tätigkeit in Laxenburg wider. Vom Pavillon ausgehend, erstrecken sich acht strahlförmige Achsen in Richtung der weiteren Parkanlage, die Endpunkte bildeten markante Punkte in der weiteren Umgebung Laxenburgs. Die Othmarskirche in Mödling war etwa einer der geschätzten Endpunkte. Heute verlaufen bedingt durch die Bautätigkeit außerhalb der Parkanlage alle Sichtbezüge ins Grün des Schlossparks. Zwischen den einzelnen Achsen wurde eine relativ naturnahe Bepflanzung gewählt, die Achsen selbst waren im typisch barocken Verständnis mit Lindenalleen versehen.

Dem Grunde nach hat man hier eine perfekte gartenkünstlerische Komposition aus einem Jagdgarten und einem barocken Waldgarten geschaffen, die allen landschaftlichen Umgestaltungen der vergangenen Jahrhunderte getrotzt hat. Nicht nur die geometrischen Gestaltungsprinzipien, sondern auch das Verlangen nach der jagdlichen Tätigkeit wurde hier befriedigt. Die Jägerschaft konnte aus dem Pavillon in den acht Achsen das Wild beobachten und auch erlegen. Wie schon erwähnt, suchte man das Grüne Lusthaus auch zum Zeitvertreib auf, wie etwa zum Kartenspiel.

Links oben: Das Grüne Lusthaus im Winter
Links unten: Das Grüne Lusthaus als Zentrum des Waldsterns

Oben: Der letzte barocke Gartenteil
Unten: Detail vom Grünen Lusthaus
Rechte Seite: Das Deckenfresko „Agamemnon auf der Jagd" von Vinzenz Fischer

Das Grüne Lusthaus selbst hat wie durch ein Wunder alle stürmischen Zeiten der letzten 250 Jahre überdauert und präsentiert sich in bestem Zustand. Im Inneren des Pavillons hat sich auch das prächtige Fresko „Agamemnon auf der Jagd“ von Vinzenz Fischer erhalten. Wohl um 1766 entstanden, enthält es Szenen aus der griechischen Mythologie. Der Ort ist bis heute ein lebendiger Treffpunkt geblieben und für Hochzeiten der beliebteste Ort im Schlosspark.

DER CONCORDIATEMPEL

Der Tempel der Eintracht, wie er auch in den historischen Quellen bezeichnet wird, entspricht dem Bild eines klassischen Rundtempels. Schon seit dem 16. Jahrhundert war das Aufstellen solcher Bauwerke ein Sinnbild für die Antikenmode in den verschiedenen Gartenanlagen. In dieser architektonischen Form sah man ein vollkommenes Bauwerk, das im Inneren oftmals noch weitere dekorative Elemente, wie etwa Brunnen oder Altäre, enthielt.

Der Concordiatempel wurde 1795 durch den Architekten Cavaliere Giuseppe Alessandro Moretti errichtet, die Innenseite der Kuppel wurde durch den Stuckateur M. Köhler gestaltet. Dieser Tempel wurde der Eintracht der Völker gewidmet. Bedingt durch die Französische Revolution 1789 wählte man mit Bedacht diese Widmung, die Entwicklungen in Frankreich machten natürlich auch vor dem habsburgischen Vielvölkerreich keinen Halt. In Anwesenheit des Kaiserpaares wurde der Tempel seiner Bestimmung übergeben,

Linke Seite: Der Concordiatempel entspricht dem Sinnbild der antiken Rundtempel
Oben: Winterliche Ruhe beim Concordiatempel

die Initialen Franz I. und seiner zweiten Frau, Maria Theresia von Neapel-Sizilien, sind bis heute am Tempel erkennbar. Der Wunsch des Kaisers nach Harmonie und Verbundenheit unter seinen Völkern sollte leider ein Wunsch bleiben.

Rund um den Concordiatempel dominieren weite Wiesenräume und mächtige Baumgruppen die landschaftliche Gestaltung. Der Tempel wurde im josephinischen Teil des Schlossparks erbaut, jenem Teil, der von Anfang an als Landschaftsgarten konzipiert wurde. Trotzdem finden sich hier geradlinige Verbindungen: die beiden Wege zur Forstmeisterbrücke und zur Fischerdörflbrücke über den Forstmeisterkanal sowie der Sichtbezug zum Grünen Lusthaus. Bei Letzterem handelt es sich tatsächlich „nur" um eine Sichtachse, eine direkte Wegverbindung zwischen den beiden Gebäuden hat es nie gegeben. Der Bauplatz des Concordiatempels wurde also noch nach dem barocken Gestaltungsprinzip erwählt, die landschaftliche Gestaltung entschärft die strenge geometrische Ausrichtung und verleiht dem Ort die notwendige Harmonie, die der Landschaftsgarten fordert.

DAS HAUS DER LAUNE ODER LUSTHAUS IM EICHENHAIN

Die Schlossanlage Laxenburg war einst auch eine Art „Spielwiese" der kaiserlichen Familie, durch diese Tatsache wurden im Schlosspark einzigartige Objekte geschaffen. Einen wesentlichen Teilbereich der Parkanlage bildet bis heute der sogenannte „Rittergau". Kaiser Franz war ein Verehrer der mittelalterlichen Zeit, gleichzeitig wollte er seinen Ahn*innen ein dauerhaftes Denkmal setzen. So kam es zur Errichtung der mehrheitlich heute noch erhaltenen Staffagegebäude. Neben der kulturhistorisch bedeutsamen Franzensburg, die eines der ältesten klassizistischen Gebäude Österreichs darstellt, wurden die Gotische Brücke, die Grotte, der Turnierplatz, die Rittergruft, die Rittersäule und die heute nicht mehr erhaltene Meierei geschaffen. Im historischen Kontext betrachtet, ist dieser Begriff freilich etwas schwierig in den Mund zu nehmen, aber es wurde somit eine erste Art von „Themenpark" geschaffen.

Am Rande dieses Rittergaus wurde bereits ab 1798, also mit dem Baubeginn der Franzensburg, zusätzlich ein äußerst kurioses Gebäude errichtet, das

Linke Seite: Die aufwendig dekorierte Kuppel des Concordiatempels

Das Lusthaus im Eichenhain, vormals Haus der Laune

sogenannte „Haus der Laune". Äußerlich ebenso im gotisierenden Stil gehalten, hat es aufgrund seiner reichen und sonderbaren Ausstattung eine Sonderrolle im Schlosspark eingenommen.

Die Entstehungsgeschichte des „Hauses der Laune" war eng mit der zweiten Frau von Kaiser Franz II./I., Maria Theresia von Neapel-Sizilien, verbunden, die nicht minder am Ausbau der Schlossanlage interessiert war. Die als lebensfroh geltende Kaiserin hatte mutmaßlich ebenso großen Einfluss auf den Ausbau von Laxenburg, dieser Umstand ist noch nicht sehr ergiebig erforscht. Einige Objekte im Schlosspark dürften aber sehr wohl auf ihren Ideenreichtum zurückgehen, so auch das „Haus der Laune".

Die Bedeutung des „Hauses der Laune" in Laxenburg liegt in kulturgeschichtlicher Hinsicht darin, dass hier erstmals in Österreich eine intellektuelle Architekturkarikatur geschaffen wurde. In Johann Ferdinand Hetzendorf von Hohenberg hatte das Kaiserpaar einen würdigen Architekten gefunden, der dieses Vorhaben im Schlosspark in die Tat umsetzte. Geschaffen wurde allerdings nicht ein Objekt nach damaligen Maßstäben, sondern ein Kuriosum, das zur damaligen Zeit einiges an Aufsehen erregt hat.

So einzigartig die Gestaltung auch ausgefallen war, ein langes Bestehen in dieser Form war dem Gebäude nicht beschieden. 1809 wurde das Haus

Nach 1956 eingestürzt, als begehbare Ruine erlebbar

der Laune durch die französischen Truppen schwer in Mitleidenschaft gezogen. Nach den Verwüstungen durch die französische Besatzungsmacht wurde das Bauwerk 1812 von Architekt Alois Pichl in gotisierendem Stil neu entworfen (aber nicht verwirklicht) und schließlich 1814 als biederes „Lusthaus im Eichenhain" innen und außen erneuert. In dieser Form bestand das Gebäude bis in die erste Hälfte des 20. Jahrhunderts.

Blick aus dem Inneren

Durch die kriegsbedingten Wirren des Zweiten Weltkriegs hat das Haus der Laune abermals großen Schaden erlitten. Durch mangelnde Pflege und ausbleibende Instandhaltung war das Gebäude bereits um 1956 eingestürzt, in diesem Jahr entstanden die letzten Fotos vom annähernd vollständigen Zustand.

Auf Initiative des Bundesdenkmalamts sowie der Kulturabteilung des Landes Niederösterreich konnte die Ruine in den Jahren 2017–2020 gemeinsam mit der Schloss Laxenburg Betriebsgesellschaft m. b. H. einer erfolgreichen Konservierung zugeführt werden. Im Jahr 2017 wurde mit der Detailplanung für die Sicherung der Ruine begonnen. Zahlreiche Besprechungen und Fachexpertisen kamen zur Anwendung, galt es doch, eine gute Lösung für dieses Vorhaben zu finden. Ein Wiederaufbau des Gebäudes wurde in diesem Zusammenhang ebenso diskutiert, prinzipiell dominierte aber das Bestreben, die vorhandene Ruine abzusichern. Die beiden in die Detailplanung eingebundenen Architekten DI Wolfgang Pfoser und der während der Projektphase leider plötzlich verstorbene DI Richard Zeitlhuber lieferten den heute umgesetzten Entwurf der Überdachung. Für dieses Dach galt es, zwei Bedingungen zu erfüllen: Zum einen musste das darunterliegende Bauwerk optimal vor Wind und Wetter geschützt werden. Zum anderen sollte sich die Konstruktion zurücknehmen und nicht zum Hauptaugenmerk des gesamten Projekts gedeihen. Die leichte Holzkonstruktion mit einem eher unscheinbaren Anstrich konnte beide Vorgaben erfüllen.

Der zentrale Innenraum des Hauses der Laune

Der Turnierplatz als Tummelplatz heldenhafter Rittertugend

DER TURNIERPLATZ

Gegen Ende des 18. Jahrhunderts verbreitete sich ein reges Interesse am Mittelalter. Vor allem das Freimaurertum sah die mittelalterlichen Ritter als großes Vorbild ihrer Aktivitäten. Die Verbundenheit zur „großen alten Zeit“ schlug sich natürlich auch in Laxenburg nieder, 1791 ist das erste mittelalterliche Treiben im Schlosspark belegt. Vorerst wurde auf keinen fest vorgegebenen Flächen dem Ritterkult gefrönt, 1811 wurde auf Bestreben des Kaisers der Turnierplatz errichtet.

Detail einer Ritterfigur

Dieses einzigartige und auch etwas kurios wirkende Parkgebäude war von diesem Zeitpunkt an als „Caroussellplatz in altdeutscher Art“ für alle möglichen mittelalterlichen Aufzüge vorgesehen. Der Turnierplatz ist ein etwa 110 x 55 m

Oben:
Turnier in Laxenburg. Ölgemälde von Melchior Seltzam (1778–1821), 1810.
Foto: Birgit und Peter Kainz, WIEN MUSEUM.

Unten: Die Kaiserloge des Turnierplatzes

Oben: Bereits vor Errichtung des Turnierplatzes wurden „Carrousselle“ abgehalten; „Das Carroussel wie es Sr: K: H: der Erzh: Franz den hohen Herrschaften zu Laxenburg / am 3ten July 1791 gaben“. Kolorierter Stich von Johann Hieronymus Löschenkohl (1753–1807), 1791. Sammlung WIEN MUSEUM

Unten: Figurenschmuck am Turnierplatz

Eines der Tore zum Turnierplatz

großer rechteckiger Platz, der von Zuschauertribünen in Form von Erddämmen umgeben ist. An einer der Stirnseiten erhebt sich die Kaiserloge. Hier nahm der Kaiser mit seiner Familie Platz, um dem Treiben beizuwohnen. An den Längsseiten wurden noch die beiden Richterlogen angebaut, die Plätze für die Preisrichter.

Die Bepflanzung war einst mehrheitlich mit Koniferen umgesetzt worden, auch hier sollten wieder das Immerwährende und das Ewige symbolisiert werden. Natürlich darf auch die Eiche nicht fehlen, einige mächtige Exemplare haben sich bis in unsere Tage erhalten. Der Turnierplatz wird in den kommenden Jahren einer Generalsanierung unterzogen.

DIE RITTERSÄULE

Das Denkmal für den tugendhaften Ritter im romantischen Rittergau wurde in Form einer Siegessäule errichtet. Derartige Säulen sind schon in der Antike sehr beliebt gewesen, man denke nur an die Obelisken in Ägypten, die in weiterer Folge auch im alten Rom Verwendung fanden. An der Spitze der Rittersäule steht ein tadelloser Rittersmann, der seinen Blick in heldenhafter Pose in Richtung Franzensburg gerichtet hat. Dabei wird er von zwei

Linke Seite: Die Rittersäule
Oben: Details der Rittersäule, der Löwe wieder als Herrschaftssymbol

mächtigen Löwen flankiert, die wiederum als symbolische Elemente für das Kaiserlich-Königliche stehen.

Die Bepflanzung rund um die Rittersäule besteht aus mächtigen Eichen, Schwarzföhren und Eiben. Auf sanften Schönheitshügeln angepflanzt, steht vor allem die immergrüne Koniferenausstattung für das Ewige und Immerwährende.

DIE RITTERGRUFT

Am Rande des Eichenhains gelegen, befindet sich hier die fiktive „Grablege des heldenhaften Rittersmanns“. Mit diesem Bauwerk erfüllte man sich die Befriedung der Melancholie im romantischen Gedankengut des Schlossparks. Diese Art des Gebäudes, hier in Form einer satteldachartigen Konstruktion, ist in historischen Landschaftsgärten auch keine Seltenheit. In vielen weiteren Gartenanlagen ließen sich die Schöpfer der Gärten oft

Die Rittergruft als symbolische Grablege des heldenhaften Ritters

tatsächlich in dem von ihnen geschaffenen Reich zur letzten Ruhe betten. Hermann Ludwig Heinrich Graf von Pückler-Muskau etwa fand seine letzte Ruhestätte in einer pyramidenartigen Grablege im Branitzer Park bei

Cottbus. Gar nicht so weit weg von Laxenburg wurde Franz Moritz Graf Lacy am Rande seines Neuwaldegger Parks in Wien in einem Mausoleum beigesetzt.

In Laxenburg blieb es bei einem Kenotaph für den tapferen Ritter. Um die Wirkung zu verstärken, wurde eigens aus der Kartause Mauerbach eine Grabplatte aus Marmor herbeigebracht, die aus konservatorischen Gründen nun im äußeren Burghof der Franzensburg ausgestellt wird. Im Innenraum der Gruft waren ursprünglich noch wertvolle Glasfenster und Gemälde angebracht, die allerdings in den Wirren des 20. Jahrhunderts abhandengekommen sind.

Beachtlich ist auch die Bepflanzung rund um die Rittergruft. Als „pflanzliche Ehrenwache“ wurden neben der Gruft Säulenpappeln angepflanzt, als würden die Bäume Ehrenwache halten. Die mächtigen Eichen rundherum schaffen den Übergang vom Eichenhain zum Rittergau.

DER TAUBENSCHLAG

Neben der ästhetischen Funktion hatten die Landschaftsgärten meist auch eine nützliche Funktion. Der Taubenschlag befand sich einst im Innenhof einer Meierei, die einen idealisierten Rahmen für ein ländliches kaiserliches Idyll bildete. Rund um den heute noch erhaltenen Taubenschlag befanden sich ein Kuhstall, ein Jungviehstall sowie ein Hühnerstall. Krönung des Ganzen war das Schweizerhaus, das sich auf dem heute dicht bewachsenen Hügel befand. Als Herrenhaus war es im Stil der Neogotik relativ aufwendig gestaltet. Rund um diesen Bauernhof gab es schön angelegte Nutzgärten. Obst und Gemüse konnten hier geerntet und für die Hofküche verwertet werden.

Der Taubenschlag

Der heitere Wiesenraum mit dem Taubenschlag

Der Viehstand war seinerzeit ganz beachtlich, 1821 wird von sieben Kühen, einem Stier, vier Kälbern, 51 arabischen Ziegen, einem Storch, acht Pfauen, zehn Bisamenten, zehn Perlhühnern, fünf Puten, vier Gänsen, vier einheimischen Enten, sowie 42 Hühnern und 50 Tauben berichtet.

Solche Gehöfte nährten die Sehnsucht nach einem ländlichen Leben, das es außerhalb dieses „geschützten" Rahmens wohl nicht gegeben hat. Diese Meiereien und Schweizerhäuser sollten das bäuerliche und freiheitsliebende Ideal verkörpern, gleichzeitig sollte man sich hier gesund und kraftvoll ernähren können. Wenn auch von dieser Anlage lediglich der Taubenschlag erhalten geblieben ist, die weite und heitere Wiesenfläche mit dem gotisierenden Element schafft auch heute noch einen romantischen ländlichen Reiz, der außerhalb der immer urbaner werdenden Welt rund um Laxenburg schon meist verloren ist.

DIE GROTTE

Wie so oft im Schlosspark hat sich auch hier ein einzigartiges Denkmal erhalten. Ursprünglich war an dieser Stelle eine Kopie der Ruine Habsburg (Habichtsburg) aus der Schweiz vorgesehen, dem Stammsitz und Ur-

Der Aufgang auf die Grotte

Die Grotte als mystischer Ort des Schlossparks

Die felsige Grotte wird von einem Wasserlauf durchströmt

Historische Steinbank auf der Grotte

sprungsort der Habsburger. Architekt Johann Ferdinand Hetzendorf von Hohenberg lieferte den Entwurf für dieses Vorhaben, wie so vieles blieb es auch hier im Planungsstadium stecken. Diese künstliche Ruine sollte eigentlich den Gegenpart zur vollendeten Franzensburg bilden. Im romantischen Gedankengut wollte man einen Bogen vom Ursprung der kaiserlichen Familie bis zum Beginn des 19. Jahrhunderts spannen, um Zeugnis über die große Geschichte des Kaiserhauses zu geben.

Aus Kostengründen wurde die Ruine auf der Grotte nie vollendet, dennoch ist die Grotte ein wichtiger Zeitzeuge des Natur- und Gartenverständnisses des 19. Jahrhunderts. Die Steine stammen aus Kaltenleutgeben und wurden mit großem Aufwand zu dieser Grottenanlage aufgeschlichtet. Die Grotte bildet im Übrigen mit der nahen Gotischen Brücke einen spannenden Gegensatz, der auch wieder dem sentimentalen Denken des 19. Jahrhunderts entspricht. Während die Grotte das Naturwerk repräsentiert, steht die Gotische Brücke als das architektonische Werk gegenüber.

DIE MARIANNENINSEL

Die Marianneninsel ist im Jahre 1841 unter Kaiser Ferdinand dem Gütigen entstanden. Er hat ab 1837 auf dieser Insel einen weiteren neogotischen Pavillon errichten lassen, der wie die Insel den Namen seiner Gattin Maria Anna von Savoyen erhalten sollte. Im Sprachgebrauch hat sich im Laufe der Jahrzehnte daraus die Marianneninsel entwickelt. Nicht minder prunkvoll als andere Gebäude des Schlossparks ausgestattet, entwickelte sich auch dieser Pavillon zu einem beliebten Treffpunkt. Wertvolle Glasfenster und ein antiker Mosaikboden gaben ihm eine besondere Note, Letzterer wurde bereits 1888 an die kunsthistorischen Sammlungen in Wien abgegeben. Die Insel war über eine nichterhaltene Brücke sowie mit den Booten des Bootsverleihs erreichbar.

Linke Seite oben: Die Marianneninseln mit der Ruine des Pavillons
Linke Seite unten: Blick von der Marianneninsel zur Franzensburg
Oben: Die Ruine des Pavillons, einst gab es hier ein Café

Die Schloss Laxenburg Betriebsgesellschaft m. b. H. plant auch hier nach Maßgabe der finanziellen Möglichkeiten eine Revitalisierung. Derzeit ist die Insel öffentlich nicht zugänglich.

DIE KOLOSSALBÜSTE VON KAISER FRANZ

Bereits zu Lebzeiten als Geschenk der Stadt Mailand an Kaiser Franz I. und seine vierte Gemahlin, Karoline Auguste, übergeben, wurde die Büste ein

Linke Seite: Der Pavillon wurde als neogotisches Bauwerk errichtet
Oben: Die Kaiser-Franz-Büste wurde aus Carrara-Marmor gefertigt

Jahr nach dem Tod des Kaisers, 1836, an dieser Stelle aufgestellt. Die Büste aus Carrara-Marmor auf Granitsockel wurde vom Bildhauer Giovanni Battista Comolli geschaffen. Die Inschrift auf der Büste erinnert an den Kaiser, der dem Schlosspark sein heutiges Aussehen gegeben hat:

„Dem wahrhaft weisen hochsinnigen Kaiser, welcher sich in diese, von ihm wunderbar gepflegten Gärten von den Regierungsgeschäften zur Erholung zurückzog. Er kannte die Namen und Abstammung der Pflanzen und Bäume. Sein frommer und einfacher Sinn pflegte sich an der Naturschönheit seines Aufenthaltsortes und an den ländlichen Unterhaltungen zu ergötzen."

DIE EISKELLER

Diese einzigartigen Baudenkmäler haben einst der höfischen Haushaltsführung gedient und sind mehr als technische Denkmäler zu betrachten. Derartige Kelleranlagen waren sehr häufig anzutreffen, nur wenige Kelleranlagen in der Größe der Eiskeller Laxenburgs haben die vergangenen Jahrzehnte überdauert. In früherer Zeit wurde im Winter das Eis aus dem Wassergraben des Alten Schlosses, in weiterer Folge nach dessen Entfernung aus dem großen Schlossteich gebrochen und in diesen Kellern eingelagert. Dadurch hatte man oft bis in den Herbst hinein Eis für die höfische Küche zur Verfügung.

Die historischen Eiskeller für die höfische Haushaltsführung

Details der Eiskeller, durch die Eingänge konnte das Eis entnommen werden

Auch in Zeiten ohne Elektrizität wurde somit die Kühlung der Speisen und Getränke gewährleistet.

Das Alter dieser ca. 500 m^2 großen gewölbten Keller ist leider nicht bekannt. In den historischen Quellen finden die Eiskeller erstmals im Jahre 1798 im Zuge von Reparaturmaßnahmen Erwähnung. Ebenso liest man von Lagerungsmöglichkeiten von Kartoffeln und Fleischwaren für Laxenburger Bauern und Gastwirte. Die Eiskeller sollen in den kommenden Jahren behutsam saniert und der Öffentlichkeit zugänglich gemacht werden.

DIE FRANZENSBURG

Die Franzensburg ist eines der ältesten klassizistischen Gebäude Österreichs und an Einzigartigkeit kaum zu überbieten. Oftmals wird dieses Kunstkuriosum fälschlicherweise als das eigentliche Schloss oder als „die Laxenburg" bezeichnet, tatsächlich handelt es sich bei der Franzensburg um ein „Gartenhaus im altdeutschen Stile". In ihrer äußeren Erscheinung ist sie zum größten Parkstaffagegebäude geworden, das über Glanz und Schicksal der Habsburgerdynastie berichtet. Von Anfang an als Museum konzipiert, wurde das Gebäude niemals bewohnt, dieses „kleine Schatzhaus Österreich" wurde rein zur Zerstreuung und als Repräsentationsmöglichkeit errichtet. Kaiser Franz wollte seiner Familie im Schlosspark auch ein würdiges Denkmal setzen. Das Gedankengut der romantischen Verehrung des Mittelalters kam auch hier zu tragen, wie im restlichen Rittergau des Schlossparks ebenso.

Die Idee für dieses Gartenhaus stammte von Kaiser Franz I. höchstpersönlich, die Glorifizierung der großen Geschichte seiner Familie hatte für ihn einen sehr hohen Stellenwert. Was die Franzensburg zu etwas ganz Besonderem macht, ist aber der Umstand, dass originale Bauteile aus vielen Epochen nach Laxenburg gebracht wurden, um zu einem neuen Gesamtkunstwerk geformt werden zu können. Im Hauptteil von 1798 bis 1801 entstanden, enthält dieses Gebäude originale Bauteile vom 13. bis zum 19. Jahrhundert. Kaiser Franz beauftragte seinen Schlosshauptmann, Michael Riedl, mit der Sammlung und Gewinnung von Bau- und Ausstattungsmaterialien zur Errichtung seiner Burg.

Oben: Schlosshauptmann Michael Riedl Edler von Leuenstern, Glasfenster in der Franzensburg

Rechte Seite: Das Wahrzeichen von Laxenburg: der Fährturm der Franzensburg

Die ersten Materialien, die Laxenburg erreichten, stammen von der ältesten gotischen Kapelle Österreichs, der Capella Speciosa aus Klosterneuburg. Ab 1799 wurde die Kapelle abgetragen, wertvolle Ka-

pitelle und Marmorteile aus weißem und rotem Marmor wurden auf den Bauplatz nach Laxenburg überführt. In der Burgkapelle sowie im Speisesaal der Burg wurden diese Spolien eingebaut. Aus einer anderen Kapelle in Klosterneuburg, der Sebastianskapelle, wurde weiteres Material für die Franzensburg herangeschafft.

Aus dem bereits 1792 aufgehobenen Stift Waldhausen gewann man Dachziegel, Natursteinmauerwerk und weiteres Baumaterial, das auf der Donau ostwärts per Schiff Laxenburg erreichte. Im nahen Vösendorf begann die Herstellung eigener Ziegel für die Franzensburg, die etwas größer als der damalige Standard ausfielen. Diese sogenannten „Fortifikationsziegel" dienten dem wehrhaften Charakter der Burg und wurden auf Wunsch des Kaisers angefertigt.

Am 15. Oktober 1801 war die Franzensburg im ersten Hauptwerk vollendet, an diesem Tag fand die Weihe der Kapelle in des „Kaiser's Gartenhaus" statt. Das damalige Gästebuch ist immer noch in der Franzensburg ausgestellt. Etwas abseits der Burg entstand, damals noch durch einen Wasserlauf getrennt, ein weiteres Gebäude, der Knappenhof. Dieser Bauteil wurde als Wirtschaftsgebäude der Franzensburg konzipiert, hier befanden sich Dienstwohnungen von Burgvogt und Fährmann, auch ein funktionstüchtiges Bad, das sogenannte „Ritterbad", integrierte man in dieses Objekt.

Linke Seite: Blick über die steinerne Brücke zur Franzensburg
Oben: Die Fassade der Franzensburg zum Schlossteich

Das Tor in den inneren Burghof der Franzensburg

Von Anfang an konnte die Franzensburg von jedermann besichtigt werden, der Museumsbetrieb war von Beginn an vorgesehen. Nach Entrichtung des Obolus wurde man durch eigens uniformierte Burgführer zuerst auf den Hohen Turm hinaufgeführt, hier konnte man den atemberaubenden Blick über die Landschaft des südlichen Wiener Beckens genießen. Weiter ging es über den Wehrgang der Franzensburg, der auch als „Mordgalerie" bezeichnet wird, hinab in die rund 20 Schauräume.

Doch schon bald nach der Eröffnung der Franzensburg entstand der Plan, das Gebäude mit dem Knappenhof zu verbinden. 1801 wurden bereits die Arbeiten an der Vergrößerung des Schlossteichs begonnen, im Zuge dessen wurden unterschiedliche Entwürfe für einen Vereinigungsbau geliefert. Architekt Johann Ferdinand Hetzendorf von Hohenberg sowie der Steinmetzmeister Franz Jäger ließen dem Kaiser Entwürfe zukommen. Franz Jäger war bereits mit der Ausführung der Ersterrichtung betraut worden.

Die Franzensburg war nach der Eröffnung einst von Erdwällen und Bastionen umgeben, die den wehrhaften Charakter der Franzensburg unterstreichen sollten. 1807, im Zuge der Erweiterung des Schlossteichs, wurden diese

Bastionen und Wälle wieder entfernt, die Franzensburg stand nun frei von diesen Erdwerken inmitten der Teichanlage. Die Brücke, die den Knappenhof mit dem restlichen Schlosspark verband, wurde im Zuge dessen ebenso entfernt. Da dieser Zugang allerdings erhalten bleiben sollte, war man auf der Suche nach einer neuen Lösung. Der Kaiser selbst befahl die Errichtung eines weiteren Unikats des Schlossparks, der Fähre zur Franzensburg. Der Mechanikus Franz Besetzny installierte die erste Seilfähre im Jahre 1811, seit dieser Zeit wird der markante Turm des Knappenhofs auch als Fährturm bezeichnet. Dieser Turm wurde bereits ab 1807 in seine heutige Form umgebaut. Mit ihm bekam Laxenburg ein Unikat als Wahrzeichen schlechthin, die meisten bildlichen Darstellungen und Fotografien aus der Schlossanlage werden nach wie vor vom Knappenhof mit Fähre und Turm aufgenommen.

1812 kamen die Arbeiten in Laxenburg gänzlich zum Erliegen, Grund dafür war der damalige Staatsbankrott von 1811. Kaiser Franz soll in seiner Verzweiflung zu Michael Riedl gesagt haben: „Können wir uns das überhaupt noch leisten?“ 1822 konnten die Bauarbeiten für einen Vereinigungsbau wieder aufgenommen werden, den Entwurf lieferte der Laxenburger Ingenieur Georg Felbiger. Er verstand es, die Unregelmäßigkeit der beiden bestehenden Gebäude aufzugreifen und im Vereinigungsbau widerzuspiegeln. Gleichzeitig wurde auch der lang gehegte Wunsch des Kaisers realisiert, die Ahnenhalle für seine großen Vorfahren. Mit der Errichtung des Vereinigungsbaus kam auch der Bau der Ruine Habsburg im Bereich der Grotte vollständig zum Erliegen und wurde gänzlich aufgegeben. Die Fundamente wurden teilweise wieder ausgegraben und für die Arbeiten an der Franzensburg verwendet.

In den Jahren 1825 bis 1830 konnte nun der Vereinigungsbau errichtet werden, es sollte aber noch bis zum Ableben von Kaiser Franz I. 1835 dauern, bis die Franzensburg in der heutigen Form komplett vollendet war. Mit seinem Tod war das Hauptwerk des Rittergaus im Schlosspark vollendet, in den kommenden Jahrzehnten fanden am Gebäude keine wesentlichen Änderungen mehr statt. Nach der Eröffnung des Kunsthistorischen Museums in Wien ließ Kaiser Franz Joseph eine beträchtliche Anzahl an Exponaten nach Wien abtransportieren, vor allem die historischen Waffen und Rüstungen aus der Franzensburg füllten nun die Sammlungen in Wien.

Die Entstehungszeit der Franzensburg lässt sich zusammenfassend mit rund 40 Jahren angeben, in diesen Jahrzehnten hat sich auch die Innengestaltung

Nächste Doppelseite: Die Franzensburg spiegelt sich in der Wasserfläche des Schlossteichs

Der Innenhof des Knappenhofs

stetig gewandelt. Im Ursprung sollte die Franzensburg Wohnung für den sagenhaften Rittersmann geben, dementsprechend waren die Räume gestaltet. Im Laufe der Jahre und speziell während der Errichtung des Vereinigungsbaus hatte sich die Thematik etwas in Richtung Familiengeschichte gewandelt, dennoch blieben viele Gedanken aus der Anfangszeit erhalten.

Mit der Franzensburg wurde ein einzigartiges kulturhistorisches Objekt geschaffen, das heute seinen Platz in der Geschichte gefunden hat. Nicht nur die Baumaterialien setzten sich aus originalen Bauteilen zusammen, auch bei der Innenausstattung wurden Elemente und Mobiliar aus unterschiedlichen Epochen zusammengestellt. Nach dem Willen des Kaisers sollte gerade der Einsatz von originalen Exponaten die Zeit seiner großen Vorfahr*innen aus dem Mittelalter wieder lebendig machen. Nur so konnte man die längst vergangene Zeit realistisch und authentisch erspüren und erleben. Doch bei aller Liebe zur Authentizität, beim Bau der Franzensburg kamen damals auch völlig neue Prinzipien und Methoden zum Einsatz. Für die Belichtung des Gebäudes etwa wählte man in einigen Räumen damals Lichtkuppeln und kleinere Glasdächer. Das Tageslicht kann von oben einfallen und liefert über den Tag verteilt relativ konstante Verhältnisse. Fenster in den Außenmauern sind eher die Ausnahme denn die Regel, neben dem Verlangen nach dem wehrhaften Charakter sollte es im Inneren keine Ablenkungen geben.

Der äußere Burghof mit dem Vogteiturm

Linke Seite: Die Waffenhalle mit dem Reiterstandbild von Kaiser Joseph II.
Oben: Detail aus der Waffenhalle
Unten: Enge verwinkelte Räume ergeben den Charme der Franzensburg

Auffallend modern sind auch die Fußböden im Gebäude belegt worden, Terrazzo und Kunstfliesen dominieren weite Teile des Gebäudes. Nur wenige Bereiche wurden mit echtem Stein belegt. So wurde zwar eine „gotische Feste" geschaffen, man scheute aber nicht den Einsatz vom Stand der Technik.

Oben links: Gekreuzte Schwerter sollen böse Mächte abhalten
Oben rechts: Ein schmaler Aufgang auf einen der Türme
Unten: Die weltberühmten Glasfenster von Gottlob Samuel Mohn

DIE FRANZENSBURG ALS KUNSTWERK

Wie schon erwähnt, wurden für die Errichtung und für die Einrichtung der Franzensburg originale Bauteile und Gegenstände zusammengetragen. Von diesem Umstand geht natürlich bis heute viel Faszination aus, schon Reisende des 19. Jahrhunderts waren davon begeistert. Steine und Dachziegel aus dem Stift Waldhausen oder auch gotische Fensterrosetten aus der Kartause Gaming waren nur einige der zahlreichen Quellen. Am Bauplatz in Laxenburg sammelte sich eine Vielzahl an Objekten, die nach und nach in der Franzensburg Verwendung fanden. Michael Riedl war im Auftrag des Kaisers durch dessen Lande unterwegs und beschaffte die unterschiedlichen Elemente für die kaiserliche Baustelle.

Die Gestaltung der einzelnen Räume wurde nach Entwürfen vorgenommen, vom Steinmetzmeister Franz Jäger haben sich dazu einige wichtige Zeitdokumente erhalten. Die einzelnen Räume im Detail erhielten aber eine recht unterschiedliche Raumschale. Das erste oder das zweite Empfangszimmer etwa wurde zur Gänze mit prächtigen Inventaren ausgestattet. Kassettendecken der Renaissance aus dem Schloss Greillenstein im Waldviertel und dem Rathaus in Salzburg wurden hier gemeinsam mit reich verzierten Ledertapeten eingebaut. Diese Ausstattungselemente stammen aus

Darstellung von Kaiser Maximilian

dem 16. und 17. Jahrhundert. In der gleichen Art wurden auch noch weitere Räume eingerichtet, so etwa das Gesellschaftszimmer, das Toilettezimmer oder der Thronsaal.

Der imposante Speisesaal bekam die architektonischen Elemente der 1799 in Klosterneuburg abgebrochenen Capella Speciosa von 1222 eingebaut, gemeinsam mit der Burgkapelle. Letztere erhielt noch einen faszinierenden Tabernakelschrein, der zur Gänze aus Sandstein gefertigt ist, aus dem Stift Zwettl. Die Wandverkleidung aus rotem Marmor mit Kapitälen aus weißem Marmor erfüllten ganz die Vorstellungen von Kaiser Franz I.

Besonders erwähnenswert sind die prunkvollen Glasfenster der Franzensburg, die einen ganz wesentlichen Bereich in der Kunstgeschichte dieses Gebäudes ausmachen. Bereits ab 1799 bemühte sich Michael Riedl um wertvolle Glasfenster aus der Kirche Maria am Gestade in Wien und aus der Stadtpfarrkirche in Steyr. Es folgten noch weitere gotische Fenster, etwa aus dem Schloss Pöggstall, der Kartause Gaming oder aus der 1799/1800 abgebrochenen Pfarrkirche Heiligenkreuz. Diese Glasfenster kamen meist stark beschädigt am Bauplatz in Laxenburg an und wurden sehr aufwendig instand gesetzt. Meist wurden die Fenster auseinandergenommen, gereinigt und erneut zusammengesetzt. Fehlstellen oder Totalverluste ergänzte man durch zeitgenössische Teile. Hier fällt dem*der Betrachter*in bis heute der Umstand auf, dass die Farbrezepturen von den Glaskünstlern als großes Geheimnis gehütet wurden. Die Ergänzungen des 19. Jahrhunderts sind sofort erkennbar, trotz aller Bemühungen ließen sich die Farbtöne aus dem Mittelalter nicht exakt reproduzieren. Die originalen Glasfenster des Mittelalters sind etwa in der Kapelle, im Rittersaal des Hohen Turms und in Fragmenten im Thronsaal eingebaut worden.

Die weiteren Fenster wurden nicht minder prachtvoll für die Franzensburg geschaffen. Gemalt wurde mit Ölfarben auf Glas, wobei sich die einzelnen Motive nur mehr schwer einem bestimmten Künstler zuweisen lassen. Der wesentliche Teil dürfte auf den böhmischen Maler Johann Karl zurückgehen, dessen Anwesenheit in Laxenburg ab Mai 1800 nachgewiesen werden kann. Die Glaserarbeiten selbst verrichtete der Reparationsglaser Adalbert Hammer, der bereits im Dezember 1799 in Laxenburg eine Anstellung fand.

Es sollte sich jedoch herausstellen, dass die Fenster nicht sehr langlebig ausgeführt worden waren. Durch Wind und Wetter mussten die Malereien regelmäßig ausgebessert werden, was natürlich zu einem erheblichen

Oben: Das zweite Empfangszimmer
Unten: Deckengemälde aus dem zweiten Empfangszimmer

Aufwand führte. 1801 lässt sich die Mitarbeit von drei Malern der Wiener Porzellanmanufaktur nachweisen, offenbar ein erster Versuch, die Farben haltbarer zu gestalten.

Linke Seite: Die Kapelle der Franzensburg
Oben: Die Spinnstube ist der Hofkirche in Innsbruck nachempfunden

Eine dauerhafte Lösung zeichnete sich erst durch den aus Sachsen stammenden Glasmaler Gottlob Samuel Mohn ab, der seinen Lebensmittelpunkt 1811 nach Wien verlegte. Er beherrschte die Technik der Schmelzfarben – die Farben werden hier auf das Glas richtig eingebrannt und so dauerhaft haltbar gemacht. Mohn entfernte von den Glasfenstern die Ölfarbe und fertigte die Motive erneut in der Schmelztechnik an. Bis zu seinem Todesjahr 1825 schuf Gottlob Samuel Mohn die heute noch weltbekannten Glasfenster, die in erster Linie dem dynastischen Gedanken der Franzensburg als Museum der Familiengeschichte der Habsburger entsprechen.

Im später fertiggestellten Vereinigungsbau kamen teils detailverliebte Glaskreationen hinzu. Der Künstler Wilhelm Vörtel malte 1828/1829 etwa die Fenster des Lothringersaals, besonders erwähnenswert sind die Ansichten einiger habsburgischer Besitzungen wie Schloss Hof oder Schloss Artstetten. Anton Kothgasser schuf wohl als eines der letzten Glaswerke die Fenster für die neue Vogtei, die sich in sehr verspielter Art und Weise ebenso dem Thema Mittelalter widmen. Sämtliche Glasfenster bilden heute einen wesentlichen Teil der Kunstgeschichte der Franzensburg und haben die Wirren des 20. Jahrhunderts gut überdauert.

Wie schon erwähnt, wurden für die Ausstattung der Franzensburg originale Kunstgegenstände aus den Kronländern zusammengetragen. Bei der Einrichtung wurden dann sowohl diese Originale als auch zeitgenössische Kunstwerke verwendet. Eine Kombination aus Alt und Neu gab es hinsichtlich der Kunstgegenstände nur in Ausnahmefällen. Aber auch bei den Neuschöpfungen war man sehr bedacht darauf, eine altertümlich wirkende Anmutung zu erreichen. Durch die Verwendung der Grisailletechnik bei den Malereien und neogotischen Elementen konnte man diese Wirkung noch verstärken. Vor allem im Rittersaal im Hohen Turm und im Schlafzimmer der Burgfrau kommt diese Vorgangsweise bis heute zu tragen.

Die Ausstattung der meisten Räume setzte sich aus Kunstwerken unterschiedlicher Herkunft zusammen. Für die „Wohnung des Burgpfaffen" wurden etwa sechs gotische Tafelbilder aus dem Stift Wilhering nach Laxenburg gebracht, heute im „Wohnzimmer der Burgfrau" ausgestellt. In der Kapelle der Franzensburg gibt es zum einen ein spätgotisches Sakramentshäuschen aus dem Stift Zwettl als Originalelement seiner Zeit. Die Darstellungen der vier Evangelisten sowie der zwölf Apostel wurden eigens für die Franzens-

Ein Emailtischchen, Hochzeitsgeschenk für Kaiser Franz Joseph I. und Kaiserin Elisabeth

burg als Wandgemälde und Tonfiguren angefertigt.

Während also in der Anfangsphase der Franzensburg das Bestreben nach altertümlicher Wirkung mit kostbaren Gegenständen im Vordergrund gestanden war, ging man spätestens ab dem Baubeginn des Vereinigungsbaus andere Wege. Spätestens ab diesem Zeitpunkt wandelte sich die Ausstattung in Richtung der Familiengeschichte der Kaiserdynastie. Dies kann man etwa schon im äußeren

Die Schatzkammer mit dem goldenen Baldachin

FERDINANDVS.I.
MAXIMILIANVS.I.
ALBRECHT.V.
ALBRECHT.I.

Der Habsburgersaal mit allen Kaisern und Königen des Hl. Röm. Reiches Deutscher Nation des Hauses Habsburg

Maria Theresia als Gipsabguss der berühmten Figur von Franz Xaver Messerschmidt

Burghof erkennen. 1803 wurden die heute noch erhaltenen Büsten in den Mauernischen aufgestellt und penibel nach Familienmitgliedern benannt. Tatsächlich ist aber keine dieser Büsten einer historischen Person zuzuordnen. Das Ganze setzte man im Inneren des Vereinigungsbaus fort, im Habsburgersaal mit den Statuen aller Kaiser und Könige des Heiligen Römischen Reiches Deutscher Nation aus dem Hause Habsburg schuf man eine Ahnengalerie seines Geschlechtes. Die Statuen stammen aus einem Zyklus von insgesamt 31 Stück und wurden zwischen 1696 und 1715 durch die Gebrüder Peter und Paul Strudel angefertigt. Im Jahre 1829 wurden 15 davon auf Befehl Kaiser Franz I. in die Franzensburg verbracht.

Im ersten Stock des Vereinigungsbaus fand diese Glorifizierung mit der Gemäldegalerie und dem Lothringersaal ihre Fortsetzung. In der Gemäldegalerie schuf der Maler Johann Nepomuk Hoechle (1790–1835) bedeutende Szenen aus dem Leben der habsburgischen Regenten, ein weiteres Gemälde reflektiert die Vereinigung der Familien Habsburg und Lothringen. Durch die Heirat von Kaiserin Maria Theresia mit Franz Stephan von Lothringen fand die Dynastie ihren Fortbestand.

Der Lothringersaal selbst vollendet die Darstellung der Familiengeschichte. Bis auf zwei Gemälde wurden alle Bildnisse eigens für die Franzensburg geschaffen, hierfür engagierte man die bedeutendsten Maler dieser Zeit. Unter anderem waren dies Ferdinand Georg Waldmüller (1793–1865), Friedrich von Amerling

Oben: Deckengemälde des deutschen Manierismus in der neuen Vogtei
Nächste Doppelseite: Abendstimmung bei der Franzensburg

(1803–1887), Leopold Kupelwieser (1796–1862) oder etwa Carl Sales (1797–1870). Mit diesem Saal und den vorher schon erwähnten Ausstattungen hat Kaiser Franz I. ein dynastisches Programm seiner Familie geschaffen.

Die Franzensburg in ihrer Gesamtheit gibt also Zeugnis ihrer beinahe vierzigjährigen Entstehungsgeschichte, von der Antikensammlung angefangen bis hin zur Familiengeschichte der Habsburger. Diese spannende Zusammenstellung kann bis heute in der Franzensburg erlebt werden. Im

kunsthistorischen Kontext wurde die Franzensburg aufgrund dieser Baugeschichte zwar immer wieder ambivalent betrachtet, heute hat sie aber ihren Wert in der Kunstgeschichte Österreichs gefunden.

DER SCHLOSSPARK UND SEIN WASSER

Die Alte Schwechat bei der Kaiser-Franz-Brücke

Wasser war und ist in Gärten immer ein wesentliches Element. Nicht nur die beruhigende und ästhetische Funktion, sondern auch die Nutzfunktion, etwa für die Bewässerung, war hier wesentlich. Derzeit entfallen rund 34 Hektar auf die Gewässerflächen, davon rund 25 Hektar auf den großen Schlossteich. Der Goldfischteich und die Wasserläufe, die den Schlosspark durchziehen, ergeben die restlichen Wasserflächen und sorgen durch deren belebende Funktion für ein angenehmes Erlebnis im romantischen Landschaftsgarten.

Die Schwechat durchströmte einst den Schlosspark und entsprach dem Verlauf des Gerinnes vom Erholungszentrum über das Grüne Lusthaus, weiter an der Löwenbrücke, Eichenhainbrücke, beim Haus der Laune vorbei bis hin zur Marianneninsel. Aufgrund der immer wiederkehrenden Hochwässer durch die Schwechat wurde deren Gerinne als Auchbachkünette an das südliche Ende des Gemeindegebietes von Laxenburg verlegt. Damit hat der Wasserlauf der Alten Schwechat eine rein ästhetische Funktion erhalten.

Die heutige Wasserversorgung im Schlosspark hatte somit zwei Ursprünge: die nach Errichtung der Auchbachkünette entstandene Lechnerschleuse an der Schwechat sowie die heute noch in Funktion stehende Plantawehr in der Triesting in Münchendorf. Der Zulauf von der Schwechat wurde 1969 aufgegeben, seit diesem Jahr erfolgt die Speisung aller Gewässer fast ausschließlich über die Triesting. In Münchendorf zweigt der „Laxenburger Kanal" als künstliches Gerinne in Richtung Laxenburg ab und verläuft entlang der Landesstraße 154 bis zu den Grenzen der Parkanlage. Beim heutigen Erholungszentrum trifft der Laxenburger Kanal auf die Karolinenschleuse, die den Wasserstand im Forstmeisterkanal regelt. Hier teilt sich das Gerinne einerseits in den vorher genannten Forstmeisterkanal, andererseits in die sogenannte Alte Schwechat, die dem vorher genannten Verlauf bis zur Marianneninsel entspricht.

Auf den Flächen des Reitstalls trifft auch noch der Badner Mühlbach (in Laxenburg auch Haidbach genannt) auf den Schlosspark, der sich nahe dem Grünen Lusthaus ebenso mit der Alten Schwechat vereinigt. Sämtliche Gewässer des Schlossparks verlassen hinter der Marianneninsel bei den Teichablässen den Schlosspark, ab hier wird die Alte Schwechat Lobenbach genannt. Von hier geht es in einem Gerinne weiter in Richtung der Kaiserablässe in Achau. Hier vereinigen sich Triesting, Schwechat, Lobenbach, Krottenbach und Mödlingbach zu einem Gewässer, das als Schwechat zur Donau hin entwässert.

Der Forstmeisterkanal

DIE BRÜCKEN IM SCHLOSSPARK

Den Brücken und Rohrdurchlässen kommt im Schlosspark eine wesentliche Rolle zu. Oftmals finden diese doch sehr wichtigen Bauwerke unter den Spaziergänger*innen kaum Beachtung und werden rasch überschritten. Doch gerade die Brücken sind wesentliche Verbindungsglieder im Wegenetz des Schlossparks. Insgesamt gibt es 30 Brücken und Rohrdurchlässe, die einmal mehr oder einmal weniger kunstvoll ausgestattet wurden. Die kulturhistorisch interessantesten Brücken sind an dieser Stelle nun kurz erläutert.

DIE KAISER-FRANZ-BRÜCKE

Diese ist wahrscheinlich die meistbegangene Brücke im Schlosspark, über sie führt die Weiterführung des Weges der Allee vom Blauen Hof zum Kaiser-Franz-Denkmal. Ursprünglich wurde die Brücke als Eingang der kaiserlichen Familie verwendet, hier wurden auch alle Gäste des Kaiserhauses in den Park geleitet. Die Ausführung wurde relativ schlicht in der Form einer einfachen Bogenbrücke gewählt, das Geländer ist noch weitgehend im Originalzustand erhalten geblieben. Im Nahbereich der Brücke befinden sich prächtige Altbäume wie etwa eine Säuleneiche, eine Platane und eine knorrige Hängebuche.

DIE LÖWENBRÜCKE

Diese Brücke bildete einst den Volkseingang in den Schlosspark. Die beiden Löwenfiguren stammen vom Bildhauer Wilhelm Beyer, der auch die beiden Löwenfiguren an der Rittersäule geschaffen hat. Der Löwe war in den Gärten der Habsburger wie auch in den Gärten vieler regierender Adelshäuser ein sehr beliebtes Motiv, er repräsentierte als „König der Tiere" das Erhabene und Majestätische. Damit wurde schon beim Betreten des Schlossparks erkennbar, dass

Die Löwenbrücke war einst der „Volkseingang“ des Schlossparks

es sich hier nicht um irgendeine Parkanlage handelt, sondern um eine Anlage der „allerhöchsten Herren“. Gemeinsam mit der Fischerdörflbrücke liegt sie in der „Münchendorfer Achse“, einem der wichtigsten Sichtbezüge der Parkanlage. Hier konnte man einst vom Laxenburger Kirchturm bis zum Münchendorfer Kirchturm blicken, aufgrund von Windschutzpflanzungen außerhalb des Parks verläuft der Blick heute ins Grüne.

Von der Löwenbrücke erblickt man in der Alten Schwechat einen kleinen Wasserfall, der erneut ein romantisches Element für alle Sinne bietet. Nicht nur durch den Anblick, auch durch das Geräusch des Wassers werden hier die Sinne des Menschen angeregt.

DIE PALAMAYBRÜCKE

Diese relativ unspektakulär wirkende Brücke überspannt die Alte Schwechat und war im Ursprung für die Herstellung der Mailbahn, des sogenannten Palamaygangs, erforderlich. Diese 1002 m lange Gerade wurde zum Ballspiel verwendet und ist eines der ältesten Elemente des Schlossparks. Nach dem Zweiten Weltkrieg wurde sie als Betonfachwerkbrücke wiederhergestellt, eine heutzutage schon seltene technische Konstruktion. Von der Brücke hat man einen schnurgraden Durchblick zum Alten Schloss. Dieser Durchblick

Der Forstmeisterkanal bei der romantischen Gebirgslandschaft

und die lange Gerade des Palamaygangs verdeutlichen einmal mehr den Umstand, dass eine gänzliche landschaftliche Gestaltung in Laxenburg nur bedingt umgesetzt worden ist.

DIE KAROLINENBRÜCKE

Diese Brücke verband ursprünglich den Karolinenhain mit der Parapluiewiese, nunmehr stellt sie die Verbindung des 1964 eröffneten Erholungszentrums mit dem Schlosspark dar und befindet sich unmittelbar beim dortigen Parkeingang. Unter der Brücke befindet sich die Karolinenschleuse, mit welcher der Wasserstand im Forstmeisterkanal und damit der Zufluss in den Schlossteich gesteuert wird. Die Brücke sowie der angrenzende Karolinenhain haben den Namen von der vierten Frau des Kaisers Franz I. erhalten, Karoline Auguste von Bayern.

DIE FISCHERDÖRFLBRÜCKE

Wie der Name schon sagt, liegt diese Brücke nahe dem ehemaligen Fischerdörfl und überspannt den Forstmeisterkanal. Das Fischerdörfl war wohl eine Idee von Maria Theresia von Neapel-Sizilien, der zweiten Gemahlin von Kaiser Franz. Auf jeden Fall wollte die Monarchin im Schlosspark das einfache Landleben genießen und ging an dieser Stelle der Fischerei nach – im geschützten Raum der Parkanlage.

In den 1920er-Jahren musste die Brücke zur Gänze erneuert werden und wurde damals als Eisenbetonbrücke ausgeführt. Der Zeitpunkt der Errichtung lässt sich auch am Baustil der Brücke erkennen, die Architektur entspricht der ersten Hälfte des 20. Jahrhunderts. Gemeinsam mit der Löwenbrücke bildet die Brücke die Münchendorfer Achse, einen der wesentlichen Sichtbezüge des Schlossparks. Zudem bietet sie geradlinige Ausblicke entlang des Forstmeisterkanals. Der Blick in Richtung Osten auf die romantische Gebirgslandschaft mit der signifikanten Schwarzkieferngruppe ist besonders geschätzt. Der in südwestlicher Richtung liegende Concordiatempel im josephinischen Teil ist ebenso sehr gut erkennbar.

DIE GOTISCHE BRÜCKE

Die – mit rund 12 Metern Höhe – größte Brücke des Schlossparks wurde 1911 fertiggestellt und stellt gegenüber der Grotte als Naturwerk das architektonische Werk dar. Gleichzeitig bildet sie einen der Übergänge in den sogenannten Rittergau. Die beiden Skulpturen, gepaart mit dem neogotischen Baustil, entsprechen wieder den Reminiszenzen an das Mittelalter. Aus der Literatur sind uns verschiedene Namen überliefert, neben Gotischer Brücke wird sie oftmals auch als Römerbrücke oder Hohe Brücke bezeichnet.

Die Gotische Brücke, die größte Brücke im Schlosspark

Rund um die Gotische Brücke finden sich zahlreiche immergrüne Gehölze, die das Immerwährende und Ewige symbolisieren sollen. Der Ausblick auf den Schlossteich in Richtung Bootsverleih zählt zu den spektakulärsten Attraktionen des Schlossparks. Nahe der gotischen Brücke finden sich noch einige Wege in Originalausstattung mit den im 19. Jahrhundert typischen Wasserrinnen aus Klaubsteinen.

DIE KASKADENBRÜCKE

Den Prinzipien des Landschaftsgartens entgegengesetzt, hat man an dem geradlinigen Forstmeisterkanal als Zufluss des Schlossteichs festgehalten. Trotzdem wurde natürlich auch hier der romantisch verklärende Gedanke aufgegriffen und mit der Kaskadenbrücke ein unterhaltsames Element geschaffen. Über die große Kaskade stürzt das Wasser auf das Niveau des Schlossteichs hinab und landet in einem altägyptischen Hafenbecken. Flankiert von zwei Sphingen auf den mächtigen Flügelmauern,

konnte man hier einst sogar mit den Booten des Schlossteichs festmachen, das Hafenbecken war also tatsächlich einmal als solches in Verwendung, wie auch der Stich auf der nächsten Doppelseite zeigt.

Linke Seite: Die Kaskadenbrücke mit dem ägyptischen Hafenbecken

Oben: Blick von der Kaskadenbrücke über den gewaltigen Forstmeisterkanal

Unten: Sphingen als figuraler Schmuck an der Kaskadenbrücke

Laxenburg. Der Wasserfall – La cascade. Kolorierter Stich von Joseph Ignaz Gurk (1773–1835) und Eduard Gurk (1801–1841), um 1825. Sammlung WIEN MUSEUM.

Direkt neben dieser Brücke, in Richtung ehemaliger Baumschule, befand sich einst das Kaffeehaus am Wasserfall. Die Wiesenfläche wird bis heute als Kaffeehauswiese bezeichnet.

Mit den modernen Booten kann das Hafenbecken leider nicht mehr befahren werden, heute gehört dieser Bereich ausschließlich den erholungsuchenden Spaziergänger*innen. Riesige Eichen und andere Baumgruppen sorgen für eine würdige Pflanzenausstattung.

DIE EISERNE UND DIE STEINERNE BRÜCKE

Die eiserne Brücke

Diese beiden Brücken muss man in einem Atemzug nennen, denn hier wurde ein gegensätzliches Paar geschaffen, welches aber trotzdem eine untrennbare Einheit bildet. Prinzipiell stellen diese Brücken den Zugang zur Franzensburg von der Ostseite her, die eiserne Brücke zur Verbindungsinsel und die steinerne Brücke weiter zur Franzensburg. Mit der eisernen Brücke fand eine neue Bautechnik im Schlosspark Einzug. Brücken mit Tragwerken aus Eisenfachwerk waren zum damaligen Zeitpunkt modern und sensationell zugleich. Die steinerne Brücke entspricht wieder dem neogotischen Baustil, also dem althergebrachten. Somit wurde der Sehn-

Oben: Steinerne Brücke um 1900. © Archiv Schloss Laxenburg Betriebsgesellschaft mbH
Unten und nachfolgende Doppelseite: Die steinerne Brücke heute

sucht Ausdruck verliehen, dass man von den modernen Zeiten in die große alte Welt des Mittelalters und in das Museum der habsburgischen Dynastie eintreten kann.

DER SCHLOSSPARK LAXENBURG ALS GARTENDENKMAL

Die mächtige Platane auf der Alleesternwiese

Baumstudie aus Laxenburg.
Aquarellierte Bleistiftzeichnung von Josef Kriehuber (1800–1876), 1853. Sammlung WIEN MUSEUM.

Historische Gärten haben in unserer Zeit meist einen eher schwierig zu definierenden Stellenwert, da man sich ihrer kultur- und kunsthistorischen Bedeutung oft nicht bewusst ist. Sie werden meist als grüne Begleiterscheinung von Schlössern, Burgen, Klöstern und anderen Bauwerken gesehen und in vielen Fällen konzentriert sich das Geschehen nur auf die vorher erwähnten Gebäude selbst. Gärten wurden durch den österreichischen Verfassungsgerichtshof 1964 als ein Produkt von Natur definiert und nicht als Kulturerbe. Durch diese Entscheidung waren die historischen Gärten, die ohnehin durch die geschichtlichen Ereignisse des 20. Jahrhunderts, wie etwa die beiden Weltkriege, gelitten hatten, dem bundesgesetzlichen Schutz entzogen. Dementsprechend wurden Pflege und Erhaltung vernachlässigt. In diesem Zusammenhang haben es die bekannten Großanlagen des Landes wie etwa natürlich auch das Schloss Laxenburg etwas leichter, denn ihre Bekanntheit und ihr Nutzen für den Tourismus lassen sie in der öffentlichen Meinung als wertvoll erscheinen.

Mit dem Ende der österreichisch-ungarischen Monarchie verloren die ständische Struktur in der Bevölkerung und damit auch der Adel langsam an Bedeutung. Die Entwicklung seither zeigte aber auch, wie stark die Beziehung zwischen Adel und Gartenkultur war, denn seit der Adel seine politische und damit auch wirtschaftliche Bedeutung in Österreich eingebüßt hatte, nahm das Interesse an der Erhaltung der alten Gärten ab.

Viele werden heutzutage nicht mehr als Garten, sondern als land- oder forstwirtschaftliche Fläche genutzt oder sogar als Baulandreserve betrachtet. Auf diese Art und durch Unkenntnis ihrer Bedeutung für die gewachsene Kulturlandschaft in Österreich sind etliche Anlagen bereits für immer verschwunden. Die Erhaltung hat sich in vielen Fällen nur auf das Gebäude konzentriert, doch diese Schlösser, Burgen oder Landsitze sind erst durch ihren Garten ein Ganzes geworden. Der Garten war ein nötiger, wichtiger

Bestandteil, denn er war gewissermaßen ein Abbild der Grundherrschaft. War der Garten gepflegt, dann war der Ertrag aus der Grundherrschaft offenbar zufriedenstellend hoch. Keiner mag sich Laxenburg ohne seinen Landschaftsgarten vorstellen, denn nur durch diesen ist dieses Baudenkmal erst richtig erlebbar. Selbst bei Landschaftsgärten ist ein Bezug zu den Gebäuden stets vorhanden und ein Verlust des Gartens wirkt sich in jedem Fall negativ auf das Gesamterscheinungsbild aus.

In der heutigen Zeit werden die Gedanken des Umweltschutzes und der Wert ökologischer Flächen sehr hochgehalten und dies ist auch gut so. In diesem Zusammenhang ist nun oft zu hören, dass der gestaltete Garten eine Form der Unterdrückung der Natur ist. Doch auch der in den letzten Jahren modern gewordene ökologische und „verwilderte" Garten ist eine Form der Gartengestaltung und würde ohne das Zutun der Menschen in dieser Form nicht existieren. Er ist genau wie alle anderen Gärten ein Spiegelbild der Meinung und der Interessen seines Schöpfers, ein Produkt einer künstlerischen und philosophischen Auseinandersetzung mit der Natur und, genauso wie alle anderen Gärten, die in den letzten Jahrhunderten entstanden sind, eine künstliche und zeitgebundene geschaffene Einheit.

So sind die historischen Gärten Produkte einer vergangenen Weltanschauung, die uns bis heute erhalten geblieben sind und ihre besondere Geschichte erzählen wollen. Das Ziel sollte nun sein, Gärten als Teil der Kulturlandschaft zu erhalten, damit diese uns ein Tor in unsere Vergangenheit sind, uns erinnern und unterrichten. Viel Vergangenes ist sicherlich nicht richtig gewesen und aus heutiger Sicht hätte man vielleicht vieles anders machen können, doch man sollte sich in die damalige Situation versetzen, um dieses frühere Geschehen verstehen zu können. Das mutwillige Auslöschen, Verdrängen oder Vergessen ist sicherlich ein Irrweg.

Es ist heutzutage schon sehr gut möglich, historische Gärten auch in unseren Tagen zu erhalten beziehungsweise zu nutzen. Doch hier taucht wieder die Frage auf, ob diese intensive Nutzung historischer Gärten sinnvoll ist. Darauf kann man erwidern, dass es wichtig ist, den Garten zu schützen, seine gartengestalterischen Grundgedanken zu konservieren, ihn aber nicht einzufrieren und ihm keinen zu musealen Charakter zu verleihen. Er soll lebendig bleiben, für seine Besucher*innen erleb- und angreifbar sein und nicht zu

Nachfolgende Doppelseite: Große Parklandschaft, Laxenburg. Aquarell von Josef Kriehuber (1800–1876), 1846. Foto: Birgit und Peter Kainz, WIEN MUSEUM.

einem Museum werden. Es ist durchaus machbar, moderne Elemente wie Spielplätze oder Liegewiesen so zu integrieren, dass die architektonische Konzeption des Gartens keinen Schaden nimmt. Dennoch, historische Gärten, die in ihrer Ursprungsform erhalten geblieben sind, dürfen nicht der freien schöpferischen Fantasie überlassen werden. Es soll und muss unsere Aufgabe sein, ihre Gestalt und ihr Erscheinungsbild im Zusammenhang mit ihrer historischen Entwicklung zu erhalten.

Durch die Novellierung des Denkmalschutzgesetzes vom 1.1.2000 ist es möglich geworden, historische Gärten hinsichtlich ihrer gestalteten Natur unter Schutz zu stellen. Vor diesem Zeitpunkt hatte es keinerlei Möglichkeiten gegeben, die Grundidee einer künstlerischen Planung, die allen aus kulturellen Gründen schützenswerten Gärten zugrunde liegt, rechtlich zu bewahren. Seit der Novelle besteht nun diese Möglichkeit, wie man aus § 1 Abs. 12 des Denkmalschutzgesetzes entnehmen kann:

„Park- und Gartenanlagen, die in dem diesem Bundesgesetz angeschlossenen Anhang 2 aufgezählt werden, sind auch hinsichtlich jener Teile, die aus gestalteter Natur bestehen, Denkmale und somit Angelegenheiten des Denkmalschutzgesetzes im Sinne des Artikels 10 Abs. 1 Ziffer B-VG.“

DAS PARKPFLEGEWERK

In vielen Ländern werden historische Gärten schon seit vielen Jahrzehnten im Rahmen des Denkmalschutzes behandelt. Diese Gartenanlagen geben Zeugnis von längst vergangenen Ideen und Weltanschauungen und sind ein wichtiges Zeitfenster in ehemalige Weltanschauungen. In Österreich ist es nun seit der Novelle des Denkmalschutzgesetzes im Jahre 2000 möglich, historische Gärten unter Denkmalschutz zu stellen. Der Schlosspark Laxenburg als einer der prominentesten Vertreter der Gartenkunst in Österreich war nun eine der ersten Anlagen, die unter diesen Schutzstatus gestellt wurden.

Im Rahmen dieses Unterschutzstellungsverfahrens wird ein gutachterliches Konzept erstellt, ein sogenanntes Parkpflegewerk. Hinter diesem Begriff verstecken sich in Laxenburg vier dicke Bände, die eine solide Ausgangsbasis für die weitere Erhaltung des Schlossparks liefern. Das Parkpflegewerk enthält im Wesentlichen drei Hauptkomponenten: Im ersten Teil wird die historische Entwicklung der jeweiligen Gartenanlage umfassend aufgearbeitet. Dazu werden sämtliche Quellen wie Pläne, Fotos und textliche Beschreibungen aller Art herangezogen. Dem anschließend wird eine ex-

Ein Schwan am Schlossteich, beliebtes Motiv seit Jahrhunderten

akte Dokumentation des aktuellen Zustands beigefügt. Aus der Analyse der historischen Quellen und des aktuellen Zustands der Gartenanlage wird als dritter Teil ein Maßnahmenkatalog erstellt, der den künftigen denkmalpflegerischen Umgang mit der Anlage definiert.

Für den Schlosspark Laxenburg wurde dieses Parkpflegewerk von Edith und Franz Bodi ausgearbeitet. Erstmals wurde die Geschichte der Gartenkunst in der Parkanlage umfassend aufgearbeitet, viele Gestaltungsprinzipien wurden wieder ans Tageslicht befördert. Das Parkpflegewerk bildet nun die Basis für die weitere Erhaltung des Schlossparks und wird bei der täglichen Pflege stets berücksichtigt.

DIE NATUR DES SCHLOSSPARKS

Seit dem Jahre 2001 ist der Schlosspark Teil des Natura-2000-Gebiets „Feuchte Ebene – Leithaauen“. Damit ist der Schlosspark nicht nur ein bedeutendes Gartendenkmal, sondern erfüllt auch eine wesentliche Rolle für die Erhaltung von schützenswerten Gütern in der Naturausstattung.

Die mächtige Buche nahe dem Concordiatempel

„Natura 2000“ bedeutet ein Netzwerk aus von den Mitgliedstaaten der EU definierten Naturräumen. Ziel ist es, innerhalb der EU ein zusammenhängendes Netzwerk aus Schutzgebieten zu schaffen, um Naturräume langfristig erhalten zu können. Dem zugrunde liegen die Vogelschutzrichtlinie sowie die Fauna-Flora-Habitatrichtlinie der EU. Hier sind schützenswerte Güter definiert, die im Interesse der weiteren Erhaltung liegen. Das betrifft nicht nur einzelne Tier- und Pflanzenarten mit einem teilweise schon hohen Gefährdungspotenzial, sondern auch ganze Lebensraumtypen. Damit soll die 1992 beschlossene „Konvention über die biologische Vielfalt“ (CBD) umgesetzt werden. Um hier systematisch vorzugehen, wurde darüber hinaus ein Zonenmodell entwickelt, die „Biographischen Regionen der Europäischen Union“.

Dem Schlosspark kommt hier eine nicht unwesentliche Rolle zu, gerade die historische Parklandschaft ist auch ein wichtiger Rückzugsort für die Natur geworden. Rund um die Schlossanlage dominieren große und strukturarme landwirtschaftliche Flächen, der Siedlungsdruck im Nahbereich steigert sich in den letzten Jahren stetig. Im Schlosspark sind viele Arten anzutreffen, die man außerhalb schon sehr aufmerksam suchen muss. Zahlreiche Insektenarten etwa gestalten die biologische Vielfalt recht außergewöhnlich. Der große Eichenbockkäfer oder etwa der Alpenbockkäfer benötigen den knorrigen Altbaumbestand, um reproduzieren zu können. Gleiches gilt für den Hirschkäfer, der am besten an lauen Frühsommerabenden beobachtet werden kann.

In der Vogelwelt fallen vor allem die Spechte auf, sowohl optisch als auch akustisch. Nahezu alle heimischen Arten sind im Schlosspark vertreten und erfreuen sich ebenso an den über Jahrhunderte gewachsenen Strukturen. An den Gewässern kann man Graureiher und Silberreiher entdecken, zahlreiche Enten und Schwäne gehören zur Tradition des Schlossparks. Schon im 19. Jahrhundert war das Federvieh am Schlossteich ein beliebtes Motiv. In den ruhigeren Ecken des Schlossparks lässt sich auch der seltene Eisvogel erblicken, in manchen Sommern ist ein kurzer Aufenthalt von Seeadlern möglich.

Vor allem an den Übergängen zu den Wasserflächen findet sich eine reiche Artenvielfalt. Der Donaukammmolch und die Rotbauchunke sind an den Gewässern ebenso anzutreffen wie der Edelkrebs und der Signalkrebs. In seltenen Momenten kann auch der Biber an den Gewässern der Schlossanlage beobachtet werden, richtig heimisch geworden ist dieser größte Vertreter der Nagetiere hier allerdings nicht. Der Biber durchwandert den Schlosspark auf seinem Weg in die Oberläufe der Gewässer außerhalb der Parkanlage.

Artenvielfalt in historischer Parklandschaft. Aquarell-Illustrationen: Bruno Wegscheider.

Allen voran ist es aber natürlich der Rehwildbestand, der sich auch völlig unbeeindruckt den Besucher*innen zeigt. Etwa 30–40 Stück Rehwild sind nach wie vor im Schlosspark heimisch und können am südlichen Ende über den Grenzgraben den Park verlassen bzw. erreichen. Rehe sind, wie die meisten Tiere, sehr gute Schwimmer, Wassergräben stellen kaum ein Hindernis dar.

Natürlich darf auch die Pflanzenausstattung nicht vergessen werden. Die großen Wiesenflächen zählen zum Typus der Glatthaferwiese, die arttypische Zusammensetzung ist außerhalb des Schlossparks schon zur Seltenheit geworden. Dieser Lebensraumtypus ist auch ein wesentliches Kriterium gewesen, das dem Schlosspark zum Natura-2000-Gebiet verholfen hat. Um die Wiesenflächen langfristig erhalten zu können, werden diese zweimal im Jahr gemäht. Dadurch wird eine Verbuschung oder Bewaldung verhindert, alle Tier- und Pflanzenarten werden durch diese Maßnahme erhalten.

Die große Kunst in der weiteren Erhaltung des Schlossparks wird nun darin liegen, die Forderungen des Denkmalschutzes und des Naturschutzes miteinander zu vereinen. Der Schlosspark Laxenburg soll sowohl als Gartendenkmal ersten Ranges als auch als wichtiges ökologisches Refugium dienen können.

WEITERE HISTORISCHE GEBÄUDE DER SCHLOSSANLAGE

Ehrenhof des ehem. Palais Dietrichstein, heute Grünne-Haus

KASERNE

Gegenüber vom Schlosstheater erhebt sich die nicht minder prachtvolle Ostfassade der ehemaligen Kaserne. Der älteste Teil dieses Gebäudes ist der etwas schräg gestellte Teil am Johannesplatz mit dem auffälligen doppelgiebligen Dach. Wohl in der Renaissance entstanden, war dies ein Exerzitienhaus der Jesuiten. Der größere Teil des Gebäudes in Richtung Schlosstheater wurde

Oben: Die ehemalige Kaserne mit der barocken Scheinfassade
Unten: Der älteste Teil der Kaserne, einst Professhaus der Jesuiten

nach 1770 angebaut, trotz der barocken Architektur ist die äußere Gestaltung sehr schlicht ausgefallen. Lediglich die schmale Ostfassade wurde deutlich aufwendiger ausgeführt. Grund dafür war das gegenüberliegende Schlosstheater von 1753, hier wollte man dem barocken Gedanken entsprechend die Symmetrie mit dem prominenten Gegenüber hervorheben.

Wie im Namen schon enthalten, war das Gebäude in Funktion für unterschiedliche Militärs in Verwendung, seit 1925 ist das Gebäude als Wohnhaus in Verwendung.

GRÜNNE-HAUS

Dieses kleine Schlösschen ist ebenso untrennbar mit der Geschichte der Schlossanlage verbunden. Das Gebäude wurde im Auftrag von Leopold Ignaz Graf Dietrichstein 1698–1701 von Architekt Christian Alexander Oedtl als Palais errichtet. Wie andere Adelshäuser suchten auch die Dietrichsteins die Nähe zur kaiserlichen Familie und schufen sich damit einen Landsitz in unmittelbarer Nähe der Schlossanlage. Über die Nutzung dieses Gebäudes ist in den kommenden Jahrzehnten nahezu nichts bekannt. 1766 erwarb Kaiserin Maria Theresia dieses Schlösschen und schenkte es ihrer Lieblingstochter, Maria Christine, und deren Gatten, Prinz Albert von Sachsen-Teschen, zur Hochzeit. Der Architekt Nicolò Pacassi dürfte wohl für das heutige Aussehen gesorgt haben.

Den heutigen Namen erhielt das Gebäude durch Karl Ludwig Grünne, einen General der österreichischen Kavallerie, der dieses Objekt im 19. Jahrhundert zeitweise als Wohnsitz nutzen durfte. Nach 1918 war hier das Schlossrestaurant untergebracht, seit dem Jahre 1974 wird es ebenso durch das Internationale Institut für angewandte Systemanalyse, IIASA, verwendet.

Das dreiflügelige Palais verfügt über einen Ehrenhof, aus welchem alle drei Flügel erreicht werden können. Im mittleren Teil befindet sich unter dem überhöhten Mansardendach ein prunkvoller Gartensaal mit herrlichen Fresken, die Johann Wenzel Bergl zugeschrieben werden. Dargestellt sind „Die Freunden des Landlebens", Maria Christine und ihr Gatte sollen hier zu erkennen sein. Die restlichen Räume haben im 20. Jahrhundert eine sehr starke Veränderung erfahren. Hinter dem Gebäude liegt ein von einer Mauer umschlossener Garten, der einst in barocker Form ausgestaltet wurde. Derzeit ist der Garten in Form einer großen Wiesenfläche mit einzelnem Strauch- und Baumbewuchs erhalten.

GÄRTNERHOF UND ORANGERIE

In unmittelbarer Nachbarschaft zum Blauen Hof, dem Neuen Schloss, befand sich einst die Schlossgärtnerei. Hier wurden viele der im Schlosspark zur Auspflanzung gebrachten Pflanzen herangezogen und vermehrt. Neben ver-

Die Orangerie der ehemaligen Schlossgärtnerei

schiedenen Warm- und Kalthäusern ist uns auch ein Pelargonienhaus überliefert. Prunkstück ist die im 19. Jahrhundert entstandene Orangerie, die sich bis heute erhalten hat und derzeit einen Gartenbaubetrieb beherbergt.

Oben: Der Brunnen vor der Orangerie
Unten: Die ehemalige Wagenremise in der Münchendorfer Straße

Rechte Seite oben: Die kaiserliche Familie im Schlosspark; Kaiser Franz Joseph I., Kaiserin Elisabeth, Kronprinz Rudolf und Kronprinzessin Stephanie von Belgien. Ölgemälde von Carl Schweninger d. Ä. (1818–1887) 1881. Foto: Birgit und Peter Kainz, WIEN MUSEUM.

Direkt am Schlossplatz befindet sich der zugehörige Gärtnerhof, der im Kern wohl auch im Mittelalter entstanden sein dürfte. Hier befanden sich einst die Dienstwohnungen der Gärtner des Schlossparks, nach 1945 wurde das Gebäude als Wohnhaus adaptiert.

REITSTALL UND WAGENREMISEN

Im Jahre 1800 entstanden an der heutigen Münchendorfer Straße die neuen Ställe und Wagenremisen. Die alten Stallungen im Meierhof (Schüsseltrakt) erfüllten nicht mehr die Anforderungen. Die Entwürfe für diese beiden lang gezogenen Gebäude lieferte Architekt Johann Ferdinand Hetzendorf von Hohenberg, sie sind äußerlich recht schlicht gehalten. Im größeren der beiden Objekte befinden sich bis heute Stallungen, durch einen privaten Betreiber wird die Tradition des Reitsports an dieser Stelle fortgesetzt. Im Schlosspark wurden dazu um 2015 weitere Gebäude geschaffen, um einen modernen Reitsportbetrieb zu ermöglichen. An das Reitstallgebäude angeschlossen befindet sich das sogenannte Waschhaus.

Im vis-à-vis gelegenen kleineren Gebäude wurden einst die Fuhrwerke untergestellt, bis heute an den großen Toren erkennbar. Seit 1962 befinden sich hier die Werkstätten der Schloss Laxenburg Betriebsgesellschaft m. b. H. sowie in weiteren Hallen die Basis des Schlossparkpflegeteams.

DIE SCHLOSSANLAGE ALS AUSFLUGSZIEL

Der Fährturm mit dem Wintersteg zur Franzensburg

Oben: Der Blaue Hof auf der Gartenseite, Postkarte der Wiener Werkstätte Nr. 265: Josef (József) von Diveky (Divéky) (1887–1951), Wiener Werkstätte, 1909. Sammlung WIEN MUSEUM.

Rechte Seite: Herbststimmung bei der Kaiser-Franz-Brücke

Die Schlösser von Laxenburg – eine Sehenswürdigkeit ersten Ranges in der nächsten Umgebung Wiens! Mit diesen Worten beginnt ein Werbeplakat der Guts- und Schlossverwaltung Laxenburg aus den frühen 1930er-Jahren. Dieses Plakat hat sich bis heute bei der Schloss Laxenburg Betriebsgesellschaft m. b. H. erhalten und es veranschaulicht sehr schön die bereits damals wichtige Funktion der Schlossanlage als Ausflugsziel.

Im Laufe und vor allem gegen Ende des 19. Jahrhunderts wurden Tagesausflüge immer beliebter. Vor allem die Ausflugsziele in und um Wien konnten durch diese neue Form des Tourismus profitieren und man begann durch gezielte Maßnahmen, das Interesse an einem solchen Ausflugsziel zu wecken.

In Laxenburg war dies beispielsweise der Prater, welcher sich südlich des Reitstallgebäudes entlang der heutigen Münchendorfer Straße befand. Eine Beschreibung von Franz de Paula Gaheis aus dem September 1800 ist uns heute noch erhalten: *„Tische, Hütten, Küchen, eine Kegelbahn, eine Stellage für türkische Musik, Schaukeln und ein Lusthaus.“* Letztgenanntes war das Lusthaus im Prater, welches uns in einigen Fotografien noch überliefert ist. 1803 berichtet Julius Max Schottky von *„Schaukeln in Gestalt eines Rosses oder Schiffes“* und von vielen weiteren Attraktionen. Der Prater war im Übrigen einer der wenigen Orte im Schlosspark, wo zur damaligen Zeit das Essen gestattet war; im restlichen Park waren die *„Einnahme von Speisen und das Rauchen von Tabak strengstens verboten“*.

Fähre um 1900. © Archiv Schloss Laxenburg Betriebsgesellschaft mbH

Eine wesentliche Rolle kam auch immer dem Bootsverleih am Stapelplatz zu. Die *„Kahnfahrt am Laxenburger Teich"* ist ebenfalls seit ca. 200 Jahren eine der beliebtesten Freizeitbeschäftigungen der Parkbesucher*innen. Zur damaligen Zeit war noch die pure Muskelkraft gefragt, denn die Boote in Form von kunstvoll gestalteten Zillen waren sicherlich nicht die Leichtesten. Im Gegensatz zu den heutigen Kunststoffruderbooten waren die hölzernen Zillen eine größere Herausforderung, vor allem, wenn man eine Dame beeindrucken wollte.

Auch der restliche Schlosspark wurde nach und nach durch immer mehr Spaziergänger*innen in Beschlag genommen. Während in vergangenen Jahrhunderten die körperliche Bewegung oft sogar verpönt war, entwickelte sich der bis heute beliebte Spaziergang. Wie in der heutigen Zeit, so gab es auch im Jahre 1811 bereits eine Parkordnung. Die meisten Gebote und Verbote entsprechen noch dem heutigen Stand der Dinge, die damals gültige Bekleidungsvorschrift wird heutzutage natürlich etwas lockerer gesehen.

Der vorher schon erwähnte Tagestourismus hat sich natürlich auch aufgrund der Erschließung des Wiener Raumes mit öffentlichen Verkehrsmitteln stetig weiterentwickelt. Auf dem vorher erwähnten Plakat ist unter anderem eine genaue Auflistung darüber angeführt: die Südbahn samt Flügelbahn Mödling–Laxenburg, die Badner Bahn, die Pottendorfer Linie, das Postauto, eine Privatautolinie und ein Gesellschaftswagen ab Wien-Oper.

„Das Haus der Laune in Laxenburg", Gouache von Jakob Alt (1789–1872). Sammlung WIEN MUSEUM.

Der Schlosspark war und ist natürlich auch immer ein Ort der Begegnungen und Veranstaltungen gewesen. Neben den zahlreichen erfolgreichen Pfadfinderlagern, die im Schlosspark abgehalten wurden (1936, 1961, 1990 und 2010), haben sich vor allem gegen Ende des 20. Jahrhunderts einige Veranstaltungen bestens etabliert.

Heute ist der Schlosspark ein äußerst beliebtes Ausflugsziel im Süden Wiens, vorrangig für Familien. Seit vielen Jahren ist der Schlosspark Mitglied der Topausflugsziele Niederösterreichs, über 60 Qualitätskriterien sind hier zu erfüllen. Die vielen anderen Partnerschaften, wie etwa mit der „Niederösterreich-CARD", der „Sisi-Straße", mit „ICOM-Museumsgütesiegel" und natürlich mit „Natur im Garten", legen die hohen Ansprüche offen, die sich die Schloss Laxenburg Betriebsgesellschaft m. b. H. setzt. Der Schlosspark Laxenburg mit allen seinen Möglichkeiten sorgt also für ein unbeschwertes Freizeiterlebnis. Dazu zählt der über 6.000 m² große Kinderspielplatz, der für Kinder in allen Altersklassen geschaffen wurde. Der Bootsverleih am Schlossteich, der ebenso schon auf eine 200-jährige Tradition zurückblicken kann, wartet mit einem breiten Sortiment an Booten auf alle Freizeitkapitän*innen. Im Erholungszentrum mit Waldbad und Minigolfplatz sowie dem Restaurantbetrieb kann man an sommerlichen Tagen herrlich entspannen. Alle Kulturbegeisterten sind auf der Franzensburg richtig auf-

Die Reise von Viktor Emanuel II. nach Deutschland und Österreich. Spazierfahrt mit Kaiser Franz Joseph auf dem See vor Schloss Laxenburg. Holzstich von Smeeton & Tilly 1873. Sammlung WIEN MUSEUM.

gehoben, hier kann man in den über 20 historischen Schauräumen alles über Glanz und Schicksal der Habsburgerdynastie erfahren. Der eigentliche Star ist und bleibt aber die landschaftliche Konzeption der Parkanlage, die jedes Mal aufs Neue verzaubert.

BESUCH IM SCHLOSSPARK

Der Schlosspark Laxenburg hat als historischer Landschaftsgarten zu jeder Jahreszeit Außergewöhnliches zu bieten, der Park ist ganzjährig geöffnet. Vorbei an der romantischen Parklandschaft kann man die vielen Sehenswürdigkeiten der einzelnen Parkbereiche entdecken. Neben den zahlreichen Baudenkmälern, wie etwa dem Grünen Lusthaus, erwartet Sie die einzigartige Parkgestaltung aus der Kaiserzeit. 280 Hektar Fläche und ein mehr als zehn km langes Wegesystem lassen keine Wünsche offen: Spaziergänge, laufen, Nordic Walking oder Orientierungslauf, für Kinder das Erleben des größten Spielplatzes der Region. Während der Saison von Ostern bis Allerheiligen Bootsverleih am Schlossteich, Fahrten mit der Panoramabahn, großer Veranstaltungskalender, Kultursommer Laxenburg und vieles mehr. Des Weiteren kann man im Schlosspark seine persönliche Traumlocation für Hochzeiten, Film oder Fernsehen finden.

Die majestätische Krönung des Schlossparks ist die Franzensburg, eines der bedeutendsten Bauwerke des Neoklassizismus und als „Gartenhaus im altdeutschen Stil" konzipiert. Kaiser Franz II./I. hat dieses „Gartenhaus im altdeutschen Stile" von 1798–1801 errichten lassen. Von Anfang an als Museum und Repräsentationsfläche konzipiert, befindet sich im Inneren eine reiche Ausstattung an Holzkassettendecken, Ledertapeten, Marmorböden und zahlreichem Mobiliar. Bei einem Rundgang in der Franzensburg erlebt man Glanz und Schicksal der Habsburgerdynastie. 2014 wurde die Franzensburg erneut mit dem österreichischen Museumsgütesiegel ausgezeichnet.

FÜHRUNG MUSEUM FRANZENSBURG

Die Franzensburg gilt als Krönung der gartenkünstlerischen Gestaltung des sogenannten „Rittergaus" im Schlosspark Laxenburg. Sie zeugt von dem Gedanken des romantischen Historismus und gilt nicht zu Unrecht als „kleines Schatzhaus Österreich". Kaiser Franz II./I., welcher der Burg auch seinen Namen gab, konzipierte so eine ideale Ritterburg nach seinen persönlichen Vorstellungen. Bewohnt wurde die Franzensburg jedoch nie, seit deren Eröffnung dient sie als Museum und Spiegelbild längst vergangener Zeiten. Heute steht das Museum jedermann offen, es lädt zu einer spannenden Exkursion in die Fantasiewelt der Habsburgerdynastie.

Das Vorzimmer zur Wohnung der Burgfrau, Franzensburg

Linke Seite: Das opulente Bett im Schlafzimmer der Burgfrau, Franzensburg

Oben: Butterförmchen der Hofküche in der Schatzkammer, Franzensburg
Unten links: Kopie von „Das Rosenkranzfest", Original von Albrecht Dürer 1506, Franzensburg
Unten rechts: Details aus der Schatzkammer, Franzensburg

TURM- UND DACHFÜHRUNG

Zu einer idealen Ritterburg wie der Franzensburg gehören natürlich auch ein standesgemäßer Wehrgang und ein Bergfried. Dieser Wehrgang und der Aufstieg auf den Bergfried, den sogenannten „Hohen Turm“, waren schon im 19. Jahrhundert äußerst beliebte Führungsrouten. Der Wehrgang, auch als „Mordgalerie“ bezeichnet, führt über die gesamte Dachlandschaft der Burg, vorbei an mystischen Bauteilen wie der „Alten Vogtei“ oder der „Burgpfaffenwohnung“. Vom „Hohen Turm“ aus kann man einen atemberaubenden360-Grad-Panoramablick genießen. Vom Leithagebirge und Rosaliengebirge über den Schneeberg, die Hohe Wand, den Wienerwald bis hin zum Kahlenberg und Leopoldsberg erhält man einen weiten Ausblick über die umgebende Landschaft. Die Schloss Laxenburg Betriebsgesellschaft m. b. H. bietet den Besucher*innen der Franzensburg während der Saison die Möglichkeit, diese einmalige Führung als bleibende Erinnerung zu erleben.

DIE FÜHRUNGSZEITEN FÜR INDIVIDUALGÄSTE

Führung durch das Museum: 11.00, 12.00, 14.00 und 15.00 Uhr; Führung auf den Hohen Turm und über die Dächer: 13.00 und 16.00 Uhr.

Linke Seite: Blick vom Wehrgang der Franzensburg in den inneren Burghof

Oben: Ritterfigur am Dach der Burgpfaffenstube, Franzensburg

Die Führungszeiten für Gruppenreisen:
Für die Führungen durch das Museum wie auch auf den Hohen Turm und über die Dächer sind für Gruppen ab 10 Personen Gruppenpauschalen verfügbar, buchbar täglich von 10.00–16.00 Uhr.

Linke Seite: Der Kapellenturm am Wehrgang der Franzensburg
Oben: Die romantische Dachlandschaft der Franzensburg
Unten: In der Alten Vogtei, Franzensburg

Linke Seite: Der Wehrgang wurde mit Zinnen und Pechnasen ausgestattet

Oben: Beim Rundgang über die Dachlandschaft der Franzensburg lassen sich viele verspielte Details entdecken

AUFENTHALTSDAUER UND AUSRÜSTUNG

Für einen Besuch, um alle Attraktionen im Schlosspark – wie Bootsverleih, Franzensburg, verschiedene Denkmäler, Kinderspielplatz – genießen zu können, empfiehlt sich eine Aufenthaltsdauer von mindestens vier Stunden. Wenn nur die Zeit für einen Kurzbesuch mit einer Führung in der Franzensburg vorhanden ist, sollte man mindestens zwei Stunden dafür einplanen.

Der Schlosspark verfügt über ein ebenes und gepflegtes Wegenetz. Für Ihren persönlichen Komfort empfehlen wir Ihnen sportliches Schuhwerk und, in Abhängigkeit vom Wetter, die Mitnahme eines Regenschutzes.

Für Kinder und Familien gibt es im riesigen Schlosspark Laxenburg besonders viel zu entdecken. Viele Attraktionen locken, wie z. B. Bootsverleih, Franzensburg, verschiedene Denkmäler und natürlich der weiträumige Kinderspielplatz. Damit Sie und Ihre Kinder das Angebot so richtig genießen können, empfehlen wir Ihnen eine Aufenthaltsdauer von mindestens vier Stunden. Für einen schnellen Kurzbesuch zu einer Führung in der Franzensburg kommen Sie mit circa zwei Stunden aus.

Kinderwägen können Sie natürlich uneingeschränkt verwenden, ausgenommen davon sind das Museum Franzensburg sowie die Boote des Bootsverleihs. An Ort und Stelle gibt es aber ausreichende und sichere Abstellmöglichkeiten.

Der Schlosspark Laxenburg ist aufgrund seiner einzigartigen Größe auch ein beliebter Ort für sportliche Aktivitäten geworden. Neben den allseits beliebten „Klassikern“ wie Jogging oder Walking haben auch moderne Sportarten, wie etwa das Inlineskaten, Einzug gehalten.

Es gibt drei markierte Routen durch den Schlosspark Laxenburg, die in der Länge variieren. So ist für alle etwas dabei. Die Rudolf-Runde ist mit 3,1 Kilometern die kürzeste. Die Franzl-Runde erstreckt sich mit 5,1 Kilometern bis zum See. Einen Eindruck von dem gesamten Park und dem See gewährt die Sisi-Runde mit 7,2 Kilometern.

BARRIEREFREIHEIT IM SCHLOSSPARK LAXENBURG

Der Schlosspark Laxenburg verfügt über ein mehr als zehn Kilometer langes ebenes und gepflegtes Wegenetz. Alle Parkeingänge sind barrierefrei zu betreten, beim Parkhaupteingang (P1) befinden sich einige Behindertenparkplätze. Erfahrungsgemäß sind diese Parkplätze an stark frequentierten

Tagen rasch ausgelastet, die Mitarbeiter*innen weisen jedoch gerne zusätzliche geeignete Stellplätze zu.

Das Erdgeschoss der Franzensburg, die sich im Zentrum des Schlossparks befindet, kann im Zuge der Museumsführung barrierefrei besichtigt werden. Aus bautechnischen Gründen ist eine barrierefreie Besichtigung des ersten Stocks sowie des Hohen Turms und der Dächer leider nicht möglich.

Auf der Franzensburg sowie beim Kinderspielplatz befinden sich barrierefreie WCs. Rollstuhlfahrer*innen mit Begleitperson sowie Personen mit Behindertenausweis und eingetragener Begleitperson erhalten bei Vorlage des jeweils gültigen Ausweises freien Eintritt in den Schlosspark inklusive der jeweiligen Begleitperson. Blindenführhunde sind sowohl im Schlosspark als auch in der Franzensburg willkommen und erhalten freien Eintritt. Bitte halten Sie den entsprechenden Ausweis bei unseren Kassen bereit.

KINDERSPIELPLATZ

Der Kinderspielplatz im Schlosspark war immer schon großzügig dimensioniert. Im Frühjahr 2002 wurde eine Generalsanierung des ca. 4.000 m² großen Spielplatzes vorgenommen. Herkömmliche Spielgeräte in Hülle und Fülle ergaben eine enorme Ausweitung des Angebots an Möglichkeiten für Kinder vorwiegend im Alter von zwei bis zehn Jahren. Im Frühjahr 2003 wurde gemeinsam mit der Marktgemeinde Laxenburg noch ein weiterer

Der Spielplatz nahe der Löwenbrücke

Der weltberühmte Blick vom Bootsverleih zur Franzensburg. Postkarte um 1900.

Schritt gesetzt. Das bestehende Spielplatzareal wurde um ca. 2.000 m² erweitert, diesmal jedoch unter der Prämisse eines „naturnahen Spielraumes“. Seit diesem Jahr wurden bereits weitere Spielgeräte ergänzt, im Jahr 2022 erfolgte ein weiterer Ausbau sowie die Errichtung einer zeitgemäßen Sanitäreinheit.

BOOTSVERMIETUNG

Der Bootsverleih am Stapelplatz ist eine seit mittlerweile gut 200 Jahren lieb gewordene Attraktion am Schlossteich. Während der Verleih früher mit schweren Holzzillen ausgestattet war, erwartet die Besucher*innen heute ein buntes Sortiment aus Ruder-, Tret- und Elektrobooten. Aber auch einige ganz spezielle Boote wie die beiden Kuschelkatamarane sind hier vertreten.

Der Bummelzug verkehrt zwischen Parkhaupteingang und Franzensburg

Erleben Sie das Ambiente der romantischen Teichlandschaft mit deren sieben Inseln direkt vom Wasser aus! Eine Bootsfahrt auf dem rund 25 Hektar großen Schlossteich ist ein bleibendes Erlebnis für die ganze Familie.

Unternehmen Sie Fahrten zwischen bewaldeten Inseln, vorbei an der Kulisse einer aus riesigen Steinen künstlich errichteten Grotte! Erleben Sie die Franzensburg vom Wasser aus oder beobachten Sie die Vögel auf den Inseln, die dort in Ruhe und naturbelassen leben können! Die Bootsvermietung ist von Ostern bis Mitte Oktober jedes Jahres täglich bei Schönwetter geöffnet.

BUMMELZUG

Während der Saison von Ostern bis Allerheiligen verkehrt ein Bummelzug im Schlosspark. Der Normalbetrieb findet täglich von 10.00 bis 18.00 Uhr zwischen dem Parkhaupteingang und der Fährstation zur Franzensburg statt. Der Zug verfügt über rund 45 Sitzplätze sowie über eine Mitnahmemöglichkeit für Kinderwägen und Rollstühle.

GASTRONOMIE

Im Schlosspark selbst stehen drei Angebote zur Verfügung. Das Restaurant „Café Meierei" – Franzensburg: Im historischen Ambiente der Franzensburg erwartet das Lokal die Besucher*innen mit einer riesigen Terrasse, direkt am Schlossteich gelegen. Der Betrieb findet während der Saison von Anfang April bis Ende Oktober jedes Jahres statt.

Für den kleineren Hunger zwischendurch empfiehlt sich das Teichbuffet, unmittelbar beim Bootsverleih gelegen. Für einen kleinen Snack oder für Getränke finden Sie dort, am romantischen Ufer des Schlossteichs, die Gelegenheit.

Das Restaurant „Flieger & Flieger" als gastronomischer Mittelpunkt des Erholungszentrums bietet bodenständige, aber auch italienische Küche zu einem guten Preis-Leistungs-Verhältnis. Freundlicher und rascher Service in nichtalltäglichem Ambiente haben sich in den vergangenen Jahren nicht nur lokal, sondern auch regional herumgesprochen und sorgen so für angenehme Atmosphäre. Räumlichkeiten für Familienfeiern, aber auch größere Gesellschaften stehen zur Verfügung. Im Sommer lädt der große schattige Gastgarten für gemütliche Abende ein.

Außerhalb des Schlossparks finden sich noch weitere Restaurants und Cafés sowie zwei Eissalons, die das gesamte Angebot abrunden.

Das Teichbuffet am Schlossteich in Abendstimmung

Gastronomischer Mittelpunkt des Erholungszentrums: Das Restaurant „Flieger & Flieger"
© Ziegler Christian GmbH

FEIERLICHKEITEN IM SCHLOSSPARK

Der größte Landschaftsgarten Österreichs bietet sich für ein persönliches Fest und viele Arten von Veranstaltungen an. Egal ob standesamtliche Trauungen in historisch bedeutungsvollen Objekten, kirchliche Trauungen oder Taufen in der romantischen Kapelle des Alten Schlosses, als Location für Ihre Film- oder Werbeaufnahmen oder Outdoor-Trainings oder Lauftreffs, der Schlosspark bietet viele Möglichkeiten. In jedem Fall erwartet Sie ein unvergessliches Ereignis im historischen Schlosspark, am romantischen Schlossteich, bei einem der einzigartigen Parkgebäude oder im Schatten der idyllischen Franzensburg.

Die Vielfalt der Möglichkeiten im Schlosspark Laxenburg wird von vielen unserer Referenzkund*innen geschätzt. Zumal im Rahmen der Gestaltung Ihres Events oder Ihrer Feier auch die Räumlichkeiten des Conference Centers Laxenburg im altehrwürdigen Speisesaaltrakt des Schlosses selbst eingebunden werden können.

Jede Veranstaltung hat einen individuellen Charakter und kann die ganz persönliche Handschrift tragen. Die Schloss Laxenburg Betriebsgesellschaft m. b. H. unterstützt Sie gerne, Ihrem Fest genau diesen besonderen Touch zu geben.

Das Conference Center Laxenburg bietet ein gepflegtes und ruhiges Ambiente für eine breite Veranstaltungspalette im Zentrum Europas. Die über 25-jährige Erfahrung sichert dem*der anspruchsvollsten Veranstalter*in, ob klein oder groß, den höchsten internationalen Standard und professionellen Service sowie österreichische Freundlichkeit.

Die historischen, denkmalgeschützten Räumlichkeiten sind optimal renoviert, am letzten technischen Stand und flexibel, um den Anforderungen heutiger Veranstalter*innen bestens zu entsprechen. 20 bis 350 Personen finden Platz bei den folgenden Veranstaltungen:

Kongresse, Konferenzen, Seminare, Arbeitsessen, Messen, Ausstellungen, Produkt- und Firmenpräsentationen, Kulturveranstaltungen, Theateraufführungen, Konzerte, Bälle, Hochzeitsfeiern, Cocktails und Dinners.

Für alle genannten Veranstaltungen wird ein bestens geschultes und immer einsatzfreudiges Team zur Verfügung gestellt, das bei der Planung, Organisation und Durchführung der jeweiligen Veranstaltung zur Seite steht. Geboten wird ein komplettes Servicepaket mit gezielten veranstaltungsunterstützenden Einrichtungen und Dienstleistungen.

Die Franzensburg in einer mystischen Inszenierung im Rahmen einer Abendveranstaltung.

ANREISE ZUM SCHLOSSPARK LAXENBURG

• MIT ÖFFENTLICHEN VERKEHRSMITTELN

Autobusverbindung ab Wien (U1, 18, D, O, 13A, 69A) bzw. ab Eisenstadt:
Autobuslinie 200/210 ab Wien Hauptbahnhof (N) – Laxenburg, Franz-Josephs-Platz
Fahrzeit ca. 30 Minuten, von Laxenburg, Franz-Josephs-Platz, 3 Gehminuten bis Eingang Tor Schlossplatz (P1)

Autobusverbindung ab Bahnhof Mödling:
Autobuslinie 215, Mödling Bahnhof (Bahnhofsplatz) – Laxenburg, Franz-Josephs-Platz
Fahrzeit ca. 20 Minuten, von Laxenburg, Franz-Josephs-Platz, 3 Gehminuten bis Eingang Tor Schlossplatz (P1)

Badner Bahn (aus Richtung Baden oder aus Richtung Wien), Bahnhof Wiener Neudorf:
Autobuslinie 215 Wiener Neudorf Bahnhof (Hauptstraße) – Laxenburg, Franz-Josephs-Platz
Fahrzeit ca. 10 Minuten, von Laxenburg, Franz-Josephs-Platz, 3 Gehminuten bis Eingang Tor Schlossplatz (P1)

Aspangbahn ab Wien Hauptbahnhof bzw. ab Wiener Neustadt:
Fahrt bis Bahnhof Laxenburg-Biedermannsdorf, von dort ca. 15 Minuten Fußweg

• MIT DEM FAHRRAD

Thermenradweg EuroVelo 9:
Der Thermenradweg führt durch das Ortsgebiet von Laxenburg. Beim Badeteich führt eine Abzweigung des Radweges über die Neudorfer Straße direkt ins Ortszentrum (ca. 1 km).

Triestingau-Radweg 9a:
Bei der Fahrt auf diesem Radweg bitte in Achau in Richtung Laxenburg abbiegen und nach ca. 3 km ist das Ortszentrum von Laxenburg erreicht.

Nextbike:
Wenn Sie mit Nextbike unterwegs sind, so stehen Ihnen beim Parkhaupteingang (P1) sowie in unmittelbarer Nähe am Franz-Josefs-Platz jeweils

Nextbike-Verleihstationen zur Verfügung. Ideal zum Erreichen der Badner Bahn über Guntramsdorf oder Wiener Neudorf, der Südbahn/Schnellbahn über Mödling oder auch der U-Bahn in Wien-Siebenhirten.
Sehen Sie dazu bitte gerne auch die näheren Informationen zum Leihvorgang unter www.nextbike.at

Hinweise: Bei allen Parkeingängen (P1, P2 und P3) stehen ausreichend Abstellmöglichkeiten für Ihr Fahrrad zur Verfügung!

Im Schlosspark ist das Fahrradfahren nicht gestattet! Ausgenommen davon sind jedoch Kinder bis zum vollendeten 6. Lebensjahr!

• MIT DEM AUTO

A2 Südautobahn, Abfahrt Wiener Neudorf

A3 Südostautobahn, Abfahrt Münchendorf (nur aus Fahrtrichtung Eisenstadt möglich)

B16 (Bundesstraße 16)

Ab Wien über die Laxenburger Straße – Vösendorf – Biedermannsdorf – Laxenburg.

Laxenburg ist aus allen Richtungen ausreichend beschildert und im Ort selbst finden Sie durch das Verkehrsleitsystem problemlos zu den Parkplätzen für die Besucher*innen des Schlossparks:

Eingang Tor Haupteingang (P1):
Adresse: Schlossplatz 1, 2361 Laxenburg, E-Ladestationen vorhanden (2 Stück)

Eingang Tor Reitstall (P2):
Adresse: Münchendorfer Straße 5, 2361 Laxenburg

Eingang Tor Erholungszentrum (P3):
Adresse: Münchendorfer Straße 7b, 2361 Laxenburg

Auf allen 3 Parkplätzen stehen über 1.200 Stellplätze KOSTENLOS zur Verfügung, von allen 3 Parkplätzen ist der Zutritt in den Schlosspark möglich. Bitte beachten Sie dazu unsere Öffnungszeiten und aktuelle Informationen auf unserer Startseite!

KURZPARKZONE MARKTGEMEINDE LAXENBURG

Bitte beachten Sie, dass seit dem 1. März 2022 im historischen Ortskern der Marktgemeinde Laxenburg innerhalb der markierten Straßenflächen eine kostenfreie Kurzparkzone verordnet ist.

Montag–Freitag: 16.00–19.30 Uhr
Samstag, Sonntag und Feiertag: 10.30–19.30 Uhr
Maximale Parkdauer: 90 Minuten, Kurzparknachweis (Parkscheibe) erforderlich

AUSGEWÄHLTE LITERATUR

Ernst Moritz Arndt, Wien (eingeleitet und erörtert von R. F. Arnold), 1798 (hrsg. in Wien, 1913)

Franz de Paula Gaheis, Wanderungen und Spazierfahrten in die Gegenden um Wien, zwischen 1801 und 1808 mehrere Auflagen, 2. Auflage, Wien, 1804, und 3. Auflage, Wien, 1807

Joseph Widemann, Malerische Streifzüge durch die interessantesten Gegenden um Wien, Bd. I., Wien, 1805

Joseph Oehler, Panorama von Wiens Umgebungen, Wien, 1807

Alexandre de Laborde, Voyage pittoresque en Autriche (Besuch 1809), erschienen in Paris, 1821, Band II

Description des principaux Parcs et Jardins de l'Europe avec des remarques sur le jardinage et les plantations, III. volume, Allemagne, Wien, 1812 (bildliche und beschreibende Darstellung der vorzüglichsten Natur- und Kunstgärten in Europa mit Bemerkungen über Gartenkunst und Anpflanzungen (aus dem Französischen)), III. Band, Deutschland, Wien, 1812

Julius Max Schottky, Das kaiserlich königliche Lustschloß Laxenburg mit allergnädigster Bewilligung seiner Majestät des Kaisers, Laxenburg, 4. Oktober 1821 (bzw. 1841), zweibändiges Manuskript in der Österreichischen Nationalbibliothek, Bildarchiv, Sign. „5858A.

R. Rothe, Geheimbericht an P. J. Lenne über den Laxenburger Park (München, 5. März 1827), Berlin, Geheimes Staatsarchiv, Sign. Rep. 192 Lenne 6

F. C. Weidmann, Das kaiserl. königl. Lustschloss und der Park Laxenburg, aus: Wiener Zeitschrift, Nr. 118, extra publiziert, Wien, 1827

F. C. Weidmann, Die Umgebung Wiens, historisch-malerisch geschildert, Wien, 1839

Rafael Hellbach, Neuester Führer in dem Lustschlosse und Parke Laxenburg, Wien, 1861

Quirin Ritter von Leitner, Monographie des kaiserlichen Lustschlosses Laxenburg, Wien, 1878

August Czullik, Das k. k. Lustschloss Laxenburg und seine Parkanlagen, Wien, 1895

(Verein für Landeskunde von Niederösterreich, Hrsg.), Topographie von Niederösterreich, Wien, 1903

Anton Steiner, Laxenburg mit dem k. k. Lustschloß und den Parkanlagen, Wien, 1903

Josef Ernst, Geschichte des k. k. Lustschlosses Laxenburg, Wien, 1908

Dendrologische Gesellschaft, Die Parkanlagen der k. u. k Monarchie, die Parkanlagen des k. u. k. Lustschlosses Laxenburg, Wien, 1912

Wilhelm Beetz, Laxenburg, ein Führer durch das Schloss und den Park, Wien, um 1925

Otto Benesch, das Lustschloss Laxenburg bei Wien, in: Österreichische Kunstbücher 3, Wien, um 1930

Erwin Hainisch, der Architekt Johann Ferdinand Hetzendorf von Hohenberg, Innsbruck, 1949

Joseph Zykan, Laxenburg und das Problem der Erhaltung der österreichischen Burgen und Schlösser, in: Mitteilungen der österreichischen Gesellschaft für vergleichende Kunstforschung in Wien, Wien, 1962

Susanna David, Laxenburg – seine kulturelle Funktion, Dis. Phil., Wien, 1963

Joseph Zykan, Laxenburg, Wien–München, 1969

Joseph Zykan, Gartenarchitekten des 18. Jahrhunderts in Laxenburg, in: Mitteilungen der österreichischen Gesellschaft für vergleichende Kunstforschung in Wien, 22. Jg. (April 1970), Nr. 3/4 und 23. Jg., Oktober 1870 Nr. 1
Joseph Zykan, Der Park von Laxenburg unter Riedl von Leuenstern in: Mitteilungen der österreichischen Gesellschaft für vergleichende Kunstforschung in Wien, 23. Jg. (Jänner 1971), Nr. 2

Geza Hajos, Romantische Gärten der Aufklärung – englische Landschaftskultur des 18. Jahrhunderts in und um Wien, Wien-Köln, 1989

Geza Hajos (Hrsg.), Der Malerische Landschaftspark in Laxenburg bei Wien, Wien 1999

C. M. Huey, Zur Laxenburger Gartengeschichte: Zwei Tische aus der Sammlung des Österreichischen Museums für angewandte Kunst mit Darstellungen zweier fantastischer Gärten in französischer Manier aus dem späten 18. Jahrhundert. Arbeit zur Aufnahme in das Kunsthistorische Institut der Universität Wien, Manuskript, Wien, 5. Dezember 1994 (eingeordnet 1995).

Annedore Brock, Das Haus der Laune im Laxenburger Park bei Wien. Studien zu Phänomenen der Frühromantik, In: Europäische Hochschulschriften „Kunstgeschichte", Reihe XXVIII, Bd. 262 (Peter Lang Verlag), Frankfurt a. M., Berlin–Bern–New York–Paris–Wien, 1996

LISTE DER IM SCHLOSSPARK LAXENBURG VERWENDETEN GEHÖLZE

Laut Arbeitsberichten wurden bei der Auspflanzung der Parkerweiterung Ende des 18. Jahrhunderts folgende einheimische Gehölze aus nahen Waldungen verwendet:

Feldahorn	*Acer campestre*
Spitzahorn	*Acer platanoides*
Rotbuche	*Fagus sylvatica*
Gem. Birke	*Betula pendula*
Stieleiche	*Quercus robur*
Gem. Eiche	*Fraxinus excelsior*
Weide	*Salix*
Fichte	*Picea abies*
Roter Hartriegel	*Cornus sanguinea*
Schwarzer Holunder	*Sambucus nigra*
Gem. Liguster	*Ligustrum vulgare*
Winterlinde	*Tilia cordata*
Sommerlinde	*Tilia platyphyllos*
Gem. Rosskastanie	*Aesculus hippocastanea*
Säulenpappel	*Populus nigra Italica*
Gem. Spindelstrauch	*Eounymus europaea*
Ulme	*Ulmus sp.*
Vogelbeere	*Sorbus aucuparia*
Weißdorn	*Crataegus monogyna*

Feldulme

Die ersten exotischen Gehölze:

Akazien (1799, 500 Stk.) – *Robinia pseudoacacia*
Essigbaum – *Rhus cotinus* (1806, 2700 Stk.)
Platane (1810, 80 Stk.) – *Platanus sp.*
Rhododendren (1825)

Der Bestand Mitte des 19. Jahrhunderts laut zeitgenössischer Liste, viele dieser Baumarten sind bis heute erhalten geblieben:

Feldahorn

Ahorn	*Acer campestris*, Feldahorn
	Acer campestris fol. varieg.
	Acer laciniatum, Geschlitztblättriger Ahorn
	Acer monspessulanum, Französischer Ahorn
	Acer negundo, Eschenahorn
	Acer opalus, Schneeballblättriger Ahorn
	Acer palmatum, Fächerahorn
	Acer pensylvanicum, Amerik. Streifenahorn
	Acer pseudoplatanus, Bergahorn
	Acer rubrum, Rotahorn
	Acer tataricum, Steppenahorn
Bastardindigo	*Amorpha fruticosa*
Baumhasel	*Corylus colurna*
Birke	*Betula pendula*, Heimische Birke
	Betula pubescens, Heimische Moorbirke
	Betula pendula Laciniata, Geschlitztblättrige Sandbirke
Blasenstrauch	*Colutea arborescens*
Blasenesche	*Koelreutheria paniculata*
Buchs	*Buxus sempervirens*
Echter Jasmin	*Jasminum fruticans*
Esche	*Fraxinus americana*, Weißesche
	Fraxinus ornus, Blumenesche
	Fraxinus oxyacarpa, Ungarische Esche
	Fraxinus pennsylvanica, Buntblättrige Esche
	Fraxinus pendula, Hängeesche
Eiche	*Quercus alba*, Nordamerikanische Weißeiche
	Quercus robur Fastigiata, Säuleneiche
Essigbaum	*Rhus glabra*
Pfeifenstrauch	*Philadelphus coronarius*
Geweihbaum	*Gymnocladus canadensis*
Gewürzstrauch	*Calycanthus floridus*
Ginster	*Cytisus nigricans*, Schwarzer Ginster
	Cytisus purpureus, Rosen- o. Purpurginster

Gleditschie	*Gleditschia inermis*, Dornenlose Gleditschie
	Gleditschia caspica, Kaspische Gleditschie
	Gleditschia triacanthos, Amerikanische Gleditschie
Götterbaum	*Ailanthus laciniata*, Geschlitztblättriger Götterbaum
	Ailanthus quercifolia, Eichenblättriger Götterbaum
Hartriegel	*Cornus alba*, Tatarischer Hartriegel
	Cornus floridus, Blumenhartriegel
	Cornus mas, Dirndlstrauch
Heckenkirsche	*Lonicera alpigena*, Alpenheckenkirsche
	Lonicera americana, Kanadische Heckenkirsche
	Lonicera caprifolium, Jelängerjelieber
	Lonicera nigra, Schwarze Heckenkirsche
	Lonicera tatarica, Tatarische Heckenkirsche
Hopfenbuche	*Ostrya virginiana*
Judasbaum	*Cercis canadensis*, Kanadischer Judasbaum
	Cercis siliquastrum, Gemeiner Judasbaum
Kiefer	*Pinus alba*
	Pinus cembra, Zirbel
	Pinus pumila, Bergkiefer
	Pinus strobus, Weymouth-Kiefer
Kronwicke	*Coronilla emerus*
Lebensbaum	*Thuja occidentalis*, Abendländischer Lebensbaum
	Thuja orientalis, Morgenländischer Lebensbaum
Linde	*Tilia americana*, Amerikanische Linde
	Tilia argentea, Silberlinde
Ölweide	*Elaeagnus angustifolia*
	Elaeagnus macrophylla, Großblättrige Ölweide
Pappel	*Populus laurifolia*

Pimpernuss	*Staphylea pinnata*
Quitte, chinesische	*Cydonia sinensis*
Rosskastanie	*Aesculus carnea*, Rotblühende Rosskastanie
	Aesculus hippocastanum, Weißblühende Rosskastanie
Ulme	*Ulmus glabra*
Sanddorn	*Hippophae rhamnoides*
Schneeball	*Viburnum lantana*
Schnurbaum	*Sophora japonica*
	Sophora japonica Pendula, Hängeschnurbaum
Schwarznuss	*Juglans nigra*
Spindelstrauch	*Euonymus latifolia*
Trompetenbaum	*Catalpa syringifolia*
Tulpenbaum	*Liriodendron tulipifera*
Vogelkirsche	*Prunus avium*
Zürgelbaum	*Celtis occidentalis*

In „Die Parkanlagen des K. u. K. Lustschloß Laxenburg 1912 der K u. K. Dendrologischen Gesellschaft" scheinen noch folgendeArten auf:

Libanonzeder	*Cedrus libani*
Scheinzypresse	*Chamaecyparis nootkatensis*, Nootka-Scheinzypresse
	Chamaecyparis lawsoniana, Lawson-Scheinzypresse
Tanne	*Abies cephalonica*, Griechische Tanne
	Abies cilicica, Kilikische Tanne
	Abies nordmanniana, Nordmannstanne
Wacholder	*Juniperus communis Suecica*, Alpenwacholder

Dr. Wilhelm Beetz erwähnt 1925 noch:

Buche	*Fagus sylvatica Atropunicea*, Blutbuche
	Fagus sylvatica Pendula, Hängebuche
Elsbeere	*Sorbus torminalis*

Fichte	*Picea pungens Glauca*, Blaufichte
	Picea pungens Pendula, Hängefichte
	Picea omorica, Serbische Fichte
Flügelnuss	*Pterocarya caucasica*
Kiefer	*Pinus Coulterii*, Kalifornische Föhre
Ginkgo	*Ginkgo biloba*
Hainbuche	*Carpinus betulus*
Hemlocktanne	*Tsuga canadensis*
Lebensbaum	*Thuja Warcana*, Englischer Lebensbaum
Osagedorn	*Maclura pomifera*
Blauglockenbaum	*Paulownia tomentosa*
Schnurbaum	*Sophora japonica*
Strauchkastanie	*Aesculus macrostachya*
Tanne	*Abies pinsapo*, Spanische Edeltanne
Wacholder	*Juniperus virginiana*, Rotzeder
	Juniperus sabina, Sadebaum
	Juniperus drupacea
Weihrauchzeder	*Calocedrus decurrens*

Nicht erwähnt, aber in der Parklandschaft vorhanden:

Eibe	*Taxus baccata*
Eiche	*Quercus robur*, Stieleiche
	Quercus petrea, Traubeneiche
Erle	*Alnus incana*, Grau- oder Weißerle
	Alnus glutinosa, Schwarzerle
Kiefer	*Pinus nigra Austriaca*
Pappel	*Populus alba*, Silberpappel
	Populus canescens, Graupappel
	Populus tremula, Zitterpappel
Eisenholzbaum	*Parrotia persica*

Die angeführten Pflanzenlisten sind nur Auszüge aus zeitgeschichtlichen Quellen, die weit den Rahmen der hier mit deutschen Namen wiedergegebenen Gattungen mit ihren Spezies, Sorten und botanischen Formen übersteigen (zum Beispiel 43, verschiedene Eschen). Eine umfassende Bearbeitung der Pflanzenwelt des Laxenburger Schlossparkes erfolgte im Rahmen des Parkpflegewerkes.

SCHLOSSPARK LAXENBURG

BESUCHERORDNUNG

Der Schlosspark Laxenburg ist eine historische Parkanlage, die rechtskräftig unter Denkmalschutz steht und darüber hinaus einen Teil der Europaschutzgebiete „Natura 2000“ darstellt.

Die Schloss Laxenburg Betriebsgesellschaft mbH ist über das gesamte Areal des Schlossparks Laxenburg verfügungsbefugt und der Geschäftsführung der Gesellschaft obliegen die Ausübung des Hausrechtes sowie die Verfassung einer Besucherordnung.

I. ÖFFNUNGSZEITEN

Der Schlosspark Laxenburg ist ganzjährig gegen Entgelt zugänglich.

Aus Sicherheitsgründen ist das Parkareal durchgängig eingezäunt und der Zutritt für Besucher wird ausschließlich innerhalb der allgemeinen Öffnungszeiten bzw. allfällig für bestimmte Sonderveranstaltungen ergänzend gestattet.

Die allgemeinen Öffnungszeiten richten sich nach den Sonnenstunden und variieren jeweils entsprechend der Jahreszeit.

Die allgemeinen Öffnungszeiten sind an allen Parkkassen angeschlagen und der Homepage unter www.schloss-laxenburg.at zu entnehmen.

Die Schloss Laxenburg Betriebsgesellschaft mbH behält sich darüber hinaus eine situative Einschränkung der Öffnungszeiten bei besonders gefährlichen Wetterverhältnissen oder im Fall von Veranstaltungen im Parkareal jederzeit vor und wird eine derartige Abweichung entsprechend bekannt geben. Bei besonderen Wetterverhältnissen kann auch eine unverzügliche Schließung des Parkareals seitens der Schloss Laxenburg Betriebsgesellschaft mbH jederzeit mit sofortiger Wirkung angeordnet werden.

II. EINTRITT UND ENTGELT

(1) Die jeweils gültigen Tarife für den Parkeintritt, das Entgelt für die Mitnahme von Hunden und die Bewilligung zur Einfahrt in den Schlosspark

Laxenburg sind jeweils dem Aushang bei den Eingängen (Parkkassen) sowie der Homepage unter www.schloss-laxenburg.at zu entnehmen.

(2) Bei Sonderschließungen des Parkareals erfolgt keine Erstattung für erworbene Tagestickets. Ebenso erfolgt keine anteilige Rückerstattung des Jahreskartenpreises bei angeordneten örtlichen und/oder räumlichen Einschränkungen des Zutrittsrechtes.

III. ALLGEMEINE VERHALTENSVORSCHRIFTEN

(1) Die Weisungen des Parkaufsichtspersonals – insbesondere im Sinne dieser Besucherordnung – sind stets verbindlich. Hinweis- und Verbotsschilder sind jederzeit zu beachten und können auch über die Bestimmungen der gegenständlichen Besucherordnung hinaus ergänzende Sondervorschriften enthalten, welche gleichermaßen verbindlich zu befolgen sind.

(2) Der Aufenthalt im Schlosspark Laxenburg erfolgt, insoweit naturgegebene Umstände herrschen (Waldboden, Naturwege, Rasenflächen etc.), auf eigene Gefahr. Erwachsene Begleitpersonen haften für das Verhalten mitgeführter Kinder bis zu deren eigener Strafmündigkeit. Der Zutritt zum Parkareal ist für Kinder bis zu deren vollendetem vierzehntem Lebensjahr ausschließlich in Begleitung Erwachsener gestattet und es kann eine entsprechende Alterskontrolle beim Einlass zum Parkareal erfolgen.

Verantwortliche Aufsichtspersonen, die Strafunmündige (§ 4 des Verwaltungsstrafgesetzes, BGBl Nr. 52/1991) beaufsichtigen, haben dafür zu sorgen, dass diese die Gebote und Verbote dieser Besucherordnung sowie auch allgemeine Verhaltensregeln und gesetzliche Vorschriften einhalten und Weisungen des Parkaufsichtspersonals stets befolgen.

(3) Der Schlosspark Laxenburg ist so zu benützen, dass andere Besucher/innen nicht gefährdet oder belästigt werden sowie Anlagen, Einrichtungen und Baulichkeiten (wie Tische, Bänke, Stühle, Spielgeräte, Denkmäler, Zäune) nicht verschmutzt, beschmiert, besprüht, beklebt oder sonst beschädigt oder verunreinigt werden.

(4) Im Schlosspark Laxenburg ist es insbesondere ausnahmslos untersagt:

- Abfälle aller Art außerhalb der dafür vorgesehenen Abfallbehälter wegzuwerfen,
- brennende Zigaretten oder andere brennende Tabakwaren wegzuwerfen oder offenes Feuer bzw. Licht zu entfachen,

- Einfriedungen oder sonstige Einrichtungen, welche keinen ausdrücklich ausgewiesenen Spielplatz darstellen, zum **Turnen oder Klettern** zu benützen,
- Baulichkeiten, Denkmäler oder sonstige Einrichtungen zu besteigen oder zu verunreinigen,
- ungebührend zu lärmen bzw. insbesondere **Ballsportarten aller Art** nachzugehen, soweit es sich nicht um eigens dafür ausgewiesene Flächen handelt,
- auf dem Kinderspielplatz zu rauchen oder Hunde mitzuführen,
- **in Gewässern zu baden** oder zu fischen sowie Gewässer zu betreten, dies gilt auch für mitgeführte Hunde,
- Wasserfahrzeuge aller Art, ebenso Schlauchboote und ähnliche Vehikel, in Betrieb zu nehmen,
- Drohnen oder sonstige Fluggeräte in Betrieb zu setzen,
- zu kampieren,
- **eiszulaufen oder Eisflächen auf Gewässern zu betreten,** ebenso Schi zu fahren bzw. langzulaufen,
- frei laufendes **Wild zu füttern,** zu berühren, zu jagen oder sonst zu bedrängen,
- auf Pflanzungen jeder Art (Blumen, Bäume, Sträucher etc.) chemische, mechanische oder sonstige Einwirkungen auszuüben, wie auch Pflanzung oder Beerntungen durchzuführen.

Ohne vorherige schriftliche Zustimmung der Schloss Laxenburg Betriebsgesellschaft mbH ist es weiters untersagt:

- Feuerstellen (z. B. für Grill- oder Kochzwecke) anzulegen oder zu unterhalten bzw. Grill- oder Kochgeräte in Betrieb zu nehmen,
- zu musizieren oder Tonwiedergabegeräte zu betreiben,
- Handel, Werbung, Sammlungen oder Sondernutzungen jeglicher Art und Form zu betreiben,
- für kommerzielle Zwecke zu fotografieren oder zu filmen.

(5) Darüber hinaus kann auch der Zutritt zum gesamten Parkgelände durch das Parkaufsichtspersonal für einzelne Personen aus wichtigem Grund untersagt bzw. einzelne Personen aus wichtigem Grund aus dem Parkareal verwiesen werden.

Ein wichtiger Grund liegt in einem gegen (i) gesetzliche Vorschriften oder (ii) diese Besucherordnung bzw. die veröffentlichten Allgemeinen Geschäftsbedingungen oder aber (iii) individuelle Anordnungen des Parkaufsichtspersonals zuwiderlaufenden Verhalten bzw. Zustand des Besuchers/der Besucherin, sohin insbesondere in jedem Verstoß gegen Hinweisschilder im Parkareal oder aber allgemein gesellschaftlich anerkannte Verhaltensnormen bzw. gesetzliche Vorschriften (z. B. Einfluss von Alkohol oder Drogen, Mitführen von Waffen oder sonstigen gefährlichen Gegenständen, Begehung einer Straftat im Parkareal, sonst ungebührliches Verhalten gegenüber anderen Besuchern oder Einrichtungen, Gefährdung von Wildtieren etc.).

IV. BENÜTZUNG DER WEGE BZW. SONSTIGER AUSGEWIESENER PARKFLÄCHEN

(1) **Das Verlassen der gekennzeichneten Wege, Lagerwiesen und Spielplätze der Schloss Laxenburg Betriebsgesellschaft mbH, ist ausnahmslos untersagt.**

(2) Im Schlosspark Laxenburg ist das Betreten und Befahren von Wiesen- und Gehölzflächen wie auch das Abstellen von Fahrzeugen oder ähnlichen Fortbewegungsmitteln auf diesen strengstens untersagt. Vom Betretungsverbot sind entsprechend ausdrücklich gekennzeichnete Grün- und Pflanzungsflächen (z. B. Spiel- oder Lagerwiesen) ausgenommen.

(3) Das Befahren solcher gekennzeichneter Flächen mit Rollstühlen, elektronischen Fahrbehelfen bis max. 6 km/h Höchstgeschwindigkeit, fahrzeugähnlichem Kinderspielzeug durch Kinder bis zu deren vollendetem 6. Lebensjahr und mit Kinderwägen ist gestattet.

(4) **Bei Sturm ist der Aufenthalt unter Bäumen lebensgefährlich und daher untersagt. Die Benutzung des Parkareals bei Schlechtwetter erfolgt auf eigene Gefahr.** Die Schloss Laxenburg Betriebsgesellschaft mbH behält sich vor, bei besonders gefährlichen Wetterverhältnissen auch eine unverzügliche Schließung des gesamten Parkareals oder bestimmter Teile desselben vorzusehen.

(5) Im Schlosspark Laxenburg sind bei Schneelage und Glatteis ausschließlich die geräumten und bestreuten Wege zu benützen. Die Benützung von nichtgestreuten bzw. -geräumten Wegen erfolgt ausnahmslos auf eigene Gefahr und diesbezüglich ist auf entsprechende Hinweisschilder besonders zu achten. Es steht überdies der Schloss Laxenburg Betriebsgesellschaft mbH frei, Wege zur Gänze oder vorübergehend zu sperren.

(6) Die Schloss Laxenburg Betriebsgesellschaft mbH gewährt keinen Anspruch auf eine jederzeitige Nutzung aller im Park befindlichen Anlagen und Einrichtungen. Situativ behält sich Schloss Laxenburg Betriebsgesellschaft mbH vor, den Zugang zu bestimmten Wegen, Arealen oder Einrichtungen zu versperren bzw. durch Hinweisschilder zu untersagen, wenn diese aus Sicherheitsgründen (Reparatur- bzw. Wartungsarbeiten, wetterbedingt, Sturmschäden etc.) temporär nicht ausreichend sicher zu benutzen sind. Die Sperrung von Wegen oder Parkarealen berechtigt nicht zu einer Entgeltkürzung für den Eintritt.

V. BENÜTZUNG VON SPORTGERÄTEN

(1) Das Radfahren im Schlosspark Laxenburg wird aus allgemeinen Sicherheitsgründen untersagt. Davon ausgenommen sind Kinder bis zur Vollendung des 6. Lebensjahres, sofern das Fahren mit Kinderfahrrädern erfolgt, die entweder einen äußeren Felgendurchmesser von höchstens 300 mm aufweisen und eine Fahrgeschwindigkeit von höchstens 5 km/h erreichen oder mit seitlichen Stützrädern ausgestattet sind.

(2) Im Übrigen wird die Mitnahme von Fahrrädern in den Schlosspark Laxenburg untersagt. Das Abstellen von Fahrrädern ist in den gekennzeichneten Bereichen bei allen Eingängen (unmittelbar bei den Parkkassen) vorgesehen.

(3) Kindern und Jugendlichen bis zur Vollendung des 14. Lebensjahres wird unter Aufsicht einer volljährigen Begleitperson im Schlosspark Laxenburg die Ausübung aller derzeit bekannten Trendsportarten (Skateboard, Skooter etc.) gestattet. Die Benützung von elektrisch angetriebenen Fahrzeugen, wie insbesondere E-Scootern, ist hingegen aus Sicherheitsgründen ausnahmslos untersagt.

(4) Skifahren, Langlaufen, Eislaufen, Schwimmen und die Benutzung von Wassersportgeräten (ausgenommen Bootsverleih) ist untersagt. Das Befestigen von Sportgeräten an Bäumen und das Besteigen von Bäumen ist ebenso ausnahmslos verboten.

(5) Die Ausübung der erlaubten Tätigkeiten hat so zu erfolgen, dass weder andere Personen gefährdet noch Sachen beschädigt werden. Die Haftungsverpflichtung von Aufsichtspersonen für mitgeführte Kinder gilt insbesondere auch hinsichtlich der Ausübung von Sport im Areal des Schlossparks Laxenburg.

(6) **Die Schloss Laxenburg Betriebsgesellschaft mbH weist ausdrücklich darauf hin, dass das Eislaufen und Betreten von Eisflächen am Schlossteich ausnahmslos verboten ist und jedes Zuwiderhandeln widerrechtlich erfolgt.** Es werden auch keinerlei Auskünfte zur Eisqualität seitens der Schloss Laxenburg Betriebsgesellschaft mbH erteilt. Eine diesbezügliche Haftung seitens der Schloss Laxenburg Betriebsgesellschaft mbH ist gänzlich ausgeschlossen.

(7) Kleinkinderspielplätze dürfen ausschließlich von Kindern bis zum vollendeten 6. Lebensjahr sowie deren Begleitpersonen benützt werden. Sonstige Spielgeräte sind ausschließlich für Kinder bis zum vollendeten 14. Lebensjahr vorgesehen. Die Benutzung von Spielgeräten im Areal Schlosspark Laxenburg ist ausnahmslos nur unter Aufsicht volljähriger Begleitpersonen gestattet.

Die Benutzung erfolgt stets auf eigene Gefahr, sofern nicht eine Fehlfunktion des Spielgerätes vorliegt, welche der Sphäre der Schloss Laxenburg Betriebsgesellschaft mbH zuzurechnen wäre. Schäden oder Beschädigungen an den Spielgeräten sind – ungeachtet ihrer Verursachung – stets umgehend der Schloss Laxenburg Betriebsgesellschaft mbH zu melden.

(8) Ballspiele, ausgenommen solche mit Kleinkindern, sind nur auf hierfür bestimmten und entsprechend gekennzeichneten Flächen gestattet.

(9) Laufen, Inlineskaten und Nordic Walking im Schlosspark Laxenburg wird grundsätzlich gestattet, dabei ist jedoch auf andere Parkbesucher/-innen jederzeit Rücksicht zu nehmen. Aus Sicherheitsgründen ist das Inlineskaten für Erwachsene an Wochenenden und Feiertagen verboten.

(10) **Die Ausübung jeder sportlichen Tätigkeit im Areal des Schlossparks Laxenburg erfolgt auf eigene Gefahr.** Insbesondere wird ausdrücklich auf den Umstand hingewiesen, dass es sich durchgängig um ein Naturschutzgebiet und damit naturbelassene Wege handelt, welche eine erhöhte Achtsamkeit des jeweils einzelnen Besuchers erfordern und weitgehend nicht zur Ausübung sportlicher Tätigkeiten geeignet und konzipiert sind. Dies kann seitens der Schloss Laxenburg Betriebsgesellschaft mbH naturgegeben weder beeinflusst noch zugesichert werden und wird entsprechend jeglicher Haftung für naturgegebene Stolperfallen auf naturbelassenen Wegen im Areal des Schlossparks Laxenburg ausdrücklich ausgeschlossen, soweit dies rechtlich zulässig ist.

VI. REITEN

(1) Die Erlaubnis zur Ausübung des Reitsportes im Schlosspark Laxenburg kann seitens der Schloss Laxenburg Betriebsgesellschaft mbH auf Anfrage gesondert schriftlich erteilt werden und ist ausnahmslos vorab einzuholen. Zusätzlich ist das Einvernehmen mit dem jeweiligen Pächter/der jeweiligen Pächterin der Reitwege im Schlosspark Laxenburg herzustellen.

(2) Die Ausübung des Reitsports wird ausschließlich auf den dazu bestimmten und als solche gekennzeichneten Reitwegen und Geländeteilen gestattet. Auf allen anderen Flächen ist jeder Umgang mit Pferden ausnahmslos untersagt.

(3) Im Schlosspark Laxenburg besteht grundsätzlich **Vorrang für Personen vor Pferden.** Bei der Ausübung des Reitsportes muss stets auf die Sicherheit von Parkbesucher/-innen besonders Bedacht genommen werden, wobei zudem gegenüber Kindern und gebrechlichen Personen ein besonders erhöhter Vorsichtsmaßstab des Reiters/der Reiterin vorausgesetzt wird. Insbesondere darf auf unübersichtlichen Reitwegestrecken ausnahmslos nur im Schritt geritten werden.

VII. MITFÜHREN VON HUNDEN IM SCHLOSSPARK

(1) Die Mitnahme von Hunden in den Schlosspark Laxenburg ist kostenpflichtig.

(2) **Im Schlosspark Laxenburg gilt das NÖ Hundehaltegesetz LGBL. 4001 in seiner jeweils gültigen Fassung.**

(3) Darüber hinaus gilt ausnahmsloser Leinenzwang im gesamten Parkareal.

(4) Für Hunde gemäß § 2 und § 3 NÖ Hundehaltegesetz besteht zudem auch durchgehend Maulkorbzwang, wobei die gesetzliche Aufzählung des NÖ Hundehaltegesetzes auf die folgende verbindliche vereinheitlichte Liste potenziell gefährlicher Hunderassen („Listenhunde“, „Kampfhunde“) für das gesamte Areal des Schlossparks Laxenburg erweitert wird und auch Kreuzungen der genannten Hunderassen sowie deren Kreuzungen untereinander oder mit anderen Hunden als solche „Listenhunde“ im Sinne der umfassend gebotenen Gefahrenprävention zu betrachten sind:

* **Bullterrier**
* **Staffordshire Bullterrier**
* **Pitbull**
* **Rottweiler**
* **Mastino Napoletana**
* **Fila Brasileiro**
* **Bullmastiff**
* **American Staffordshire Terrier**
* **Dogo Argentino (Argentinischer Mastiff)**
* **Bandog**
* **Tosa Inu**
* **Mastin Espanol**
* **Mastiff**
* **Pitbull-Terrier**

(5) Soweit Hunde in den Schlosspark Laxenburg mitgenommen werden, sind sie von Grün- und Pflanzungsflächen sowie von Gewässern fernzuhalten. Die Verwahrer von Hunden haben dafür Sorge zu tragen, dass die Tiere den Schlosspark Laxenburg nicht durch Kot verunreinigen, bzw. den Kot jedenfalls zu entfernen.

(6) Der Schlosspark Laxenburg ist Jagdgebiet. Frei laufende Hunde begeben sich in Gefahr, nach den Bestimmungen des Jagdgesetzes abgeschossen zu werden.

(7) Ergänzend wird die „Informationsbroschüre – Ihr Hund im Schlosspark Laxenburg" der Schloss Laxenburg Betriebsgesellschaft mbH zum integrierenden Bestandteil dieser Besucherordnung erklärt und insoweit auf diese verwiesen.

Ebenso sind sämtliche Hinweisschilder im Parkareal zur vorschriftsgemäßen Hundehaltung im Schlosspark Laxenburg stets verbindlich zu beachten.

VIII. ANREISE MIT KFZ UND ZUFAHRT ZUM PARKAREAL

(1) Die Schloss Laxenburg Betriebsgesellschaft mbH bietet rund 1.000 gratis Parkplätze beim Parkhaupteingang (P1), beim Parkeingang Tor 2 (P2) und beim Parkeingang Tor 3 (P3) an.

(2) Das Abstellen von Fahrzeugen auf diesen Flächen erfolgt auf eigene Gefahr und eigenes Risiko. Die Schloss Laxenburg Betriebsgesellschaft mbH übernimmt keine Haftung für etwaige Beschädigungen, Einbruch oder Diebstahl.

(3) Als maximale Parkdauer werden 24 Stunden festgesetzt. Das Abstellen von LKWs, LKW-Anhängern sowie das Kampieren ist auf allen Parkplätzen ausnahmslos untersagt.

(4) Die Schloss Laxenburg Betriebsgesellschaft mbH behält sich das Recht vor, bei Zuwiderhandeln gegen diese Parkplatzordnung mittels kostenpflichtigen Abschleppens des zu beanstandenden Fahrzeugs bzw. durch Besitzstörungsklage vorzugehen.

(5) Das Befahren von Wegen mit Kraftfahrzeugen sowie das Abstellen von Kraftfahrzeugen ist im gesamten Parkareal untersagt. Mit Zustimmung der Schloss Laxenburg Betriebsgesellschaft mbH können die folgenden Ausnahmen von dem allgemeinen Fahrverbot im Areal des Schlossparks Laxenburg vereinbart werden:

- zur Zufahrt zu in der Anlage befindlichen Betrieben, Wohnungen und Geschäftslokalen sowie zu Veranstaltungen und Filmaufnahmen, wobei auch ein entsprechendes Abstellen des Fahrzeuges genehmigt werden kann – die Zustimmung erfolgt ausschließlich schriftlich und ist nicht übertragbar;
- für Einsatzfahrzeuge;
- für Fahrzeuge im Auftrag der Schloss Laxenburg Betriebsgesellschaft mbH, wie insbesondere zur Parkpflege und Wartung von Anlagen im Parkareal;
- für elektronische Gehbehelfe bis maximal 10 km/h Bauartgeschwindigkeit auch ohne Zustimmung der Schloss Laxenburg Betriebsgesellschaft mbH, sofern die maximal gestattete tatsächliche Fortbewegungsgeschwindigkeit von 6 km/h im Parkareal nicht überschritten wird.

(6) Die Ein- und Ausfahrt in den Schlosspark Laxenburg ist (ausgenommen Miet- und Pachtvereinbarungen) gebührenpflichtig und erfolgt auf Kosten und Gefahr des jeweiligen Lenkers/der jeweiligen Lenkerin. Bei vorschriftswidrigem Abstellen von Fahrzeugen im Parkareal behält sich die Schloss Laxenburg Betriebsgesellschaft mbH die Entfernung (Abschleppung) auf Kosten des Lenkers/der Lenkerin bzw. des Fahrzeughalters/der Fahrzeughalterin vor. Innerhalb des Schlossparkbereiches gilt eine Fahrgeschwindigkeit von höchstens 10 km/h für Kraftfahrzeuge. Im Nahbereich von Personen und/oder Tieren ist Schritttempo einzuhalten bzw. aus Gründen der Sicherheit gegebenenfalls – bis sich Personen oder Tiere entfernt haben – anzuhalten.

(7) Die innerhalb des Schlossparks Laxenburg gelegenen Brücken entsprechen der ÖNORM B 4002 – Brückenklasse II. Dementsprechend sind die maximalen Beschränkungen (max. 30 T) bei deren Befahren zu berücksichtigen.

(8) Auf gekennzeichneten Lagerwiesen und Grünflächen im Schlosspark Laxenburg ist das Fahren mit Fahrzeugen und das Abstellen derselben ausnahmslos verboten. Das Verbot erstreckt sich nicht auf Fahrzeuge zur Pflege der Anlage.

(9) Im Übrigen gelten sowohl innerhalb der Parkplätze als auch im gesamten Parkareal die Bestimmungen der StVO und des KFG in der jeweils gültigen Fassung.

IX. DATENSCHUTZ

(1) In dem gesamten Areal des Schlossparks Laxenburg werden für Werbezwecke laufend Foto- und Filmaufnahmen (inkl. Ton) durchgeführt. Mit dem Betreten des Schlossparks Laxenburg nimmt die betretende Person oder deren gesetzliche/r Vertreter/-in dies, wie auch die spätere mögliche Verwendung und Veröffentlichung der Aufnahmen, zur Kenntnis und verzichtet auf mögliche Rechtsansprüche gegen die Schloss Laxenburg Betriebsgesellschaft mbH.

(2) Verantwortliche für die Datenverarbeitung ist die Schloss Laxenburg Betriebsgesellschaft mbH, Johannesplatz 2/4/1, A-2361 Laxenburg.

(3) Aufnahmen aus dem Parkareal können insbesondere auf der Homepage bzw. diversen Social-Media-Kanälen der Verantwortlichen sowie ggf. auch in Rundfunk-, TV-, und Printmedien sowie Büchern veröffentlicht werden.

(4) Details sowie weiterführende Informationen können der umfassenden allgemeinen Datenschutzerklärung der Verantwortlichen unter *wwwschloss-laxenburg.at > datenschutz* entnommen werden.

X. SCHLUSSBESTIMMUNGEN

(1) Die Gebote und Verbote dieser Besucherordnung finden keine Anwendung auf Handlungen oder Unterlassungen, die schon nach einer bundes- oder landesgesetzlichen Regelung (z. B. Forstgesetz für Lagerwiesen auf Waldgebiet) geboten oder verboten sind.

(2) Im Übrigen gelten alle Gesetzesmaterien, die im Schlosspark Laxenburg anzuwenden sind. Dies sind insbesondere das Denkmalschutzgesetz, das Naturschutzgesetz, das NÖ Landesjagdgesetz, das NÖ Fischereigesetz, das Forstgesetz sowie das Wasserrechtsgesetz.

(3) Soweit in der gegenständlichen Besucherordnung nicht Abweichendes geregelt ist, finden auf sämtliche das Vertragsverhältnis zwischen den Besuchern/Besucherinnen und der Schloss Laxenburg Betriebsgesellschaft mbH betreffende Fragen die Allgemeinen Geschäftsbedingungen der Schloss Laxenburg Betriebsgesellschaft mbH Anwendung.

(4) Das Betreten des Schlossparks Laxenburg gilt als vollinhaltliche Kenntnisnahme und Zustimmung dieser Besucherordnung durch die betretende Person bzw. durch deren gesetzlichen Vertreter/gesetzliche Vertreterin.

(5) Im Falle des Zuwiderhandelns gegen diese Besucherordnung behält sich die Schloss Laxenburg Betriebsgesellschaft mbH rechtliche Schritte sowie einen Verweis vom Gelände und den allfälligen Ausspruch eines Betretungsverbotes vor.

(6) Gerichtsstand ist das räumlich und sachlich für die Schloss Laxenburg Betriebsgesellschaft mbH zuständige Gericht, es gilt österreichisches Recht.

(7) Diese Besucherordnung gilt mit Wirkung vom 1.9.2022.

Alle Informationen in der jeweils aktuell gültigen Fassung finden Sie hier:

- DIE Rundumadum-REIHE
- Außergewöhnliche und kurzweilige Themen, kompetente Autoren, fesches Design ...

- Ein charmanter ReiseVERführer mit Insidertipps der Reisebloggerin
- 25 Regionen in und um Österreich
- Geschichtliches, Kulturelles und Besonderes

Brigitte Huber

Rundumadum 01:

AM RAND VOM LAND

Eine Entdeckungsreise an den Grenzen Österreichs

978-3-99103-010-2
13 x 21 cm, Klappenbroschur
264 Seiten

- 25 Wasserfälle in und um Niederösterreich
- Mit Pflanzenportraits und Hinweisen auf weitere Naturschätze
- Inkl. Routenbeschreibungen und Tipps für die Umgebung

Markus Dürnberger

Rundumadum 02:

WASSERFÄLLE IN NIEDERÖSTERREICH

Verborgene Naturschönheiten – Natürliche Kraftplätze

978-3-99103-011-9
13 x 21 cm, Klappenbroschur
228 Seiten

DIE Rundumadum-REIHE

- Naturparadiese, Weltkulturerbe und wenig bekannte Facetten Italiens, Sloweniens und Österreichs
- Auf den Spuren der Geschichte zwischen Dolomiten, Grado und Triest
- Leicht erreichbare Schauplätze, die heute Mahnmale des Friedens sind

Ruth und Peter Schubert

Rundumadum 05/Teil 1:

AUF FRIEDENSWEGEN

Eine Spurensuche des Krieges 1915–1918
Von Grado zum Pordoijoch
Erscheint: Frühjahr 2023

978-3-99103-124-6
13 x 21 cm, Klappenbroschur
ca. 250 Seiten

- Von Hogwarts an der Donau und Hollywood am Fleischmarkt
- Immer noch Überraschungen im historischen Zentrum Wiens
- Spannend auch für Wien-Kenner

Maria Mustapic & Günter Fuhrmann

Rundumadum 06:

GEHEIMNISSE DER INNEREN STADT

Verborgene Orte im alten Wien
Erscheint: Frühjahr 2023

978-3-99103-148-2
13 x 21 cm, Klappenbroschur
ca. 230 Seiten